高等学校日语专业教材

总 主 编◎皮细庚

本册主编◎皮细庚

编　者◎毛文伟　凌　蓉　陆　洁

U0105732

全新 **日本语听力** ④

上海交通大学出版社

SHANGHAI JIAO TONG UNIVERSITY PRESS

**内容提要**

　　本册教材的编排把重要语法操练和生活场景有机结合起来,既具实用性又具趣味性。语法操练的编排配合了各套精读教材的进度,不会出现听力课的语法知识超前于精读课的尴尬。场景编排的原则是基于重要语法的,适当增加了少量新单词,并充分考虑到原汁原味的日语会话的趣味性和实用性。

**图书在版编目（CIP）数据**

全新日本语听力.4 / 皮细庚主编. —上海:上海交通大学出版社,2016
ISBN 978-7-313-14267-2

Ⅰ.①全… Ⅱ.①皮… Ⅲ.①日语-听说教学-高等学校-教材 Ⅳ.①H369.9

中国版本图书馆 CIP 数据核字(2015)第 314766 号

**全新日本语听力 4**

| | |
|---|---|
| 总　主　编：皮细庚 | 本册主编：皮细庚 |
| 出版发行：上海交通大学出版社 | 地　　址：上海市番禺路 951 号 |
| 邮政编码：200030 | 电　　话：021-64071208 |
| 出　版　人：韩建民 | |
| 印　　刷：常熟市文化印刷有限公司 | 经　　销：全国新华书店 |
| 开　　本：787mm×1092mm　1/16 | 印　　张：7.25 |
| 字　　数：170 千字 | |
| 版　　次：2016 年 1 月第 1 版 | 印　　次：2016 年 1 月第 1 次印刷 |
| 书　　号：ISBN 978-7-313-14267-2/ H | ISBN 978-7-88941-023-6 |
| 定　　价：38.00 元 | |

# 前　　言

　　《全新日本语听力》第一册至第五册,是为大专院校日语专业一至三年级编写的日语听力系列教材,同时也可供社会上各类日语培训机构和日语自学者使用。

　　外语教学的"听说读写译"五项技能培训中,学生听解能力的提高,是最基础的也是最困难的一项教学任务,甚至对于刚刚走向社会的外语工作者来说,听懂外语仍然是最首要的,而且往往仍旧是最困难的。

　　多年来,外语教学第一线的听力教学实践,已经为我们积累了丰富的教学经验,与此同时,听力教材的编写也在不断地推陈出新,为听力教材的改善做出了可贵的探索。但是,毋庸讳言,日语听力教学的效率和质量仍然亟待进一步的改善,无论是教学第一线所反映的种种呼声,还是历年各类等级考试所反映的质量,都告诉我们听力教学明显是日语教学中最为薄弱的环节。我们觉得,要搞好听力教学,首当其冲的任务就是要不断地推出更有效更高质量的教材。

　　上海交通大学出版社,本着为外语教学服务的宗旨,在充分了解和征询各大专院校师生对国内外日语听力教材的使用现状和改善建议的基础上,决定再次组织编写一套日语听力系列教材,为日语听力教学的改善贡献一份力量。上海交通大学出版社的这一计划,应该说是针对日语教学的实际需求所做出的决定,也符合日语教学第一线广大师生的愿望。

　　数年来,本套教材在编写和使用过程中,我们广泛听了上海外国语大学、苏州大学等数十所大学任课教师的意见和建议,不断地进行修改和调整。

　　本套教材的编写班子,由工作在日语专业教学第一线的教师组成。各位教师基本上都具有较长时间的日语专业各类课程的教学经历,特别是都正在担任或担任过日语听力课程的教学工作。工作经历,让我们积累了一定的教学经验,也让我们能够真切地体会到作为一名教师应该如何去改善听力教学手段,更重要的是我们能够有机会广泛地接触国内外各类日语听力教材,与此同时,我们还能够直接地了解到学生的心声,使得我们能够站在教师和学生两方面的立场上去思考如何编写听力教材。

　　经与出版社负责策划和编辑的同志反复讨论,我们为本系列教材的编写做了大致的规划。在整个编写过程中,通过不断的学习、调整和充实,目前本教材的"定位"、"编写理念"、"特色"和"各册定位和构成"等基本情况如下。

## 1. 本系列教材的定位

（1）本教材根据教育部日语专业教学大纲对听力的词汇量、难易度等要求进行编写。

（2）本教材紧密配合日语专业精读课教学进度，起到相辅相成的作用，以期更好地实现提高学生日语听解能力的目的。

（3）本教材可供日语专业本科和大专各层次听力教学使用，也可供日语学习者自学使用。同时实事求是地考虑各大专院校日语专业学生乃至社会人士参加各类能力等级考试的各种需求。

（4）本教材从日语学习的起步阶段即一年级第一学期开始编写，直至三年级整个学年结束。听力的提高在外语学习的初期阶段尤其重要，养成"听"、"说"、"读"齐头并进的良好习惯，对提高日语听解能力和提高外语整体能力都是极为有效的。因此，我们把听力教材第一册定位在一年级上。听力的提高是一个长期的过程，听力教材编写至整个三年级结束，既是本课程设置的需要，也符合各院校日语专业的教学规律。

### 2. 本系列教材的编写理念

"好用"和"实用"是我们的编写理念。

（1）"好用"指的是有利于教师组织课堂教学，以达到教学最佳效果，当然同样也意味着便于学生学习，以达到最佳学习效果。实现"好用"的途径，我们考虑了以下几个方面。

A. 紧密配合精读课教学，不能与之脱离。具体地说，就是大致符合精读课教学的进程，这样有利于课堂教学的顺利进行。为此，我们研读了国内各大专院校主要使用的几套精读课系列教材。

B. 利用编者自身的教学经验，并多方听取各院校师生建议，充分运用各类听解策略以达到最佳教学效果。

C. 考虑到各教学层次的需求，各课内容的组合尽量做到难易结合，以供教师和学习者自由选用。

D. 实现教师用书和学生用书的分册，把详细的教学目标和听解策略列入教师用书，细化"题目要求"，便于教师组织教学活动。

E. 在首先考虑课文内容的实用性的同时，也考虑趣味性。题材的丰富多彩，可以增加学生学习的趣味性，从而有效地提高学习效果。本教材还特别设置了"轻松一刻"版块，目的是为了活跃课堂气氛。

（2）"实用"指的是以最佳效果实现提高日语听解能力乃至日语整体能力的目标。我们主要考虑了以下几个方面。

A. 广泛研读国内外各类日语听力教材（甚至包括英语听力教材），吸取其精华和长处，并有效地运用和组合在整个教材之中，以实现课堂教学的最佳效果。

B. 听力教材的特点是强调实听实练。练习首先体现在整个课堂教学过程中，传统的和最新的各类听解策略都可以通过练习的形式来体现。本教材同时也考虑课后练习，这既是辅助课堂教学的需要，也利于学生参加各类等级考试。

C. 等级考试的应试指导，也是听力教学应该考虑的内容之一。本套系列教材的各册教

材中都适当考虑了这一方面的内容。包括课堂测试和课后学生自我测试内容中都包括了应对各类等级考试的练习内容。

D. 听力教学除了帮助学生提高听力水平之外,还应该是提高学生整体日语水平的课程。本系列教材的前二册以配合语言学习为主要教学目标,后三册以生活场景、了解日本为主要教学目标。

E. 所谓"原汁原味"的日语,在日语听力教学中尤其重要。本套教材的所有课文,自始至终采用从日本各类教科书中选用的会话文或文章,以保证语言表达的正确性和实用性,尤其在前三册中,本教材尽量采用能够反映实际生活会话的、带有"原汁原味"的口语体的会话文。

### 3. 本系列教材的特色

本教材强调"理论指导性"、"实战演练性"和"多样趣味性"三大特色。

(1) 理论指导性。引进先进的教学理念,对提高教学质量来说至关重要。在这一方面,我们主要是注意引进各类"听解策略"和"听解技巧"。

在研读国内外各种听力教材的基础上,本套教材在编写过程中始终坚持贯彻实施以下各项"听解策略"。

A. 预测策略(听前预测,预测下文,听前提问,听后提问。)

B. 推测策略(推测生词,推测下文。)

C. 图示化理论(运用图画、表格,既有助于学生理解,又能加深印象。)

D. 监控策略(帮助教师了解课堂教学,帮助学生了解对课堂听解内容的理解程度。)

E. 记忆与遗忘理论(通过听后温故,以达到温故知新的效果。)

F. 输入与输出理论(听解并辅以课堂问答和讨论,以提高学生的日语综合运用能力。)

此外,"听解技巧"的训练也至关重要。这一训练在本套系列教材中始终贯穿,但本套教材特别在第三册为"听解技巧"做了归纳。主要包括以下两个方面。

A. 语音方面的听解技巧(熟悉"原汁原味"的日语会话文中常见的语音变化、语调变化、助词省略等等。)

B. 内容方面的技巧(听懂内容要点、归纳文章大意等等,尤其是各类等级考试中常常运用的种种听解技巧。)

(2) 实战演练性。如前所述,听力教学的一大特色,就是整个教学过程都可以以练习形式来组织。本套教材前四册各课课文基本都由"听前热身"、"实听实练"和"听后温故"以及"自我测试"四个部分构成,并分解成"听解 1"至"听解 8"各项内容(各册课文构成有所不同),上述"听解策略"和"听解技巧"基本上都通过练习形式反映在以上各个部分。

A. 听前热身。听前热身主要是各种形式的练习来导入课文中出现的单词和句型等。

B. 实听实练。基本由主课文和两至三篇副课文组成,充分运用各种听解策略和技巧,,组织各种形式的练习以帮助实现听解目标,同时检测听解效果。

C. 听后温故。选择以贴近主课文内容的会话文或短文,以练习形式监控学生的对本课听解内容的理解程度。

D. 自我测试。主要是对应"日语能力等级考试"和"全国日语专业四、八级等级考试",练习形式基本与考试相同,让学生熟悉掌握题型和考试技巧。以上各种实战演练性的练习,可以帮助教师有效组织课堂教学,同时也可以让学生"有习可练、实练实效",真正实现本教材"好用"、"实用"的理念。

（3）多样趣味性。趣味性包括"课文选材"和以及帮助活跃课堂气氛的辅助手段"轻松一刻"。

A. 课文选材。本套教材根据各册教材的教学层次的不同,课文选材以贴近学生生活、适应生活和工作场景、了解日本社会和文化为序逐步展开。题材的丰富多彩,可以增加学生学习的趣味性,从而有效地提高学习效果。

B. "轻松一刻"。本套教材设置的"轻松一刻"版块,有绕口令、歌曲、猜谜语、笑话、曲艺、短故事等等,目的是为了活跃课堂气氛。同时对提高学生日语整体能力和了解日本有一定的帮助。

### 4. 本系列教材各册定位和构成

第一册 对应一年级上。

教学目标以语音练习和基本句型的训练为主。

课文内容(除语音阶段外)以贴近外语学习的各类话题为主。

第一册以辅助精读课教学为目标,注重在入门阶段就培养学生纯正的发音,训练耳朵对日语发音和标准日语的熟悉度。本册中特别加入了跟读和朗读训练,从零起点就注重听和读,为今后更好的提高听说能力打下坚实的基础。其次,通过简单场景和基础句型的练习,巩固精读课的知识,培养学生即学即用的能力。

第一册兼顾对应日语能力等级考试的 N5 和 N4。

第二册 对应一年级下。

教学目标以重要基础语法和句型的训练为主。

课文内容以贴近学生生活的各类话题为主。

鉴于第二册的学生还处于日语学习初级阶段,该册的编排把重要语法的操练和生活场景有机地结合起来,既有实用性又有趣味性。语法操练的编排配合了各套精读教材的进度,不会出现听力课的重要语法知识超前于精读课的尴尬。场景编排的原则是基于重要语法的基础上,适当地增加了少量的新单词,并充分考虑原汁原味的日语会话的趣味性和实用性。

第二册兼顾对应日语能力等级考试的 N4 和 N3。

第三册　对应二年级上。

教学目标注重各种听解技巧和各类功能性句型(或各类表达方式)的训练。

课文内容以实际生活和各类社会活动场景为主。

第三册引入了"听音"、"听语调"、"听要点"、"听大意"等听解技巧,有针对性地训练学生的听解水平,让听解有技巧可依。同时结合功能性句型(或表达方式),编排了适当的实际生活和各类社会活动场景,让学生在场景中学会听解,并能运用到实际的会话中去。第三册后半段明显增加听说互动内容,向第四册过渡。

第三册兼顾对应日语能力等级考试 N3 和 N2。

第四册　对应二年级下。

教学目标进一步学习日语各类句型和表达方式,继续贯彻上述各册的听解策略和听解技巧的训练,特别注重听解内容的判断和归纳整理。

课文内容注重了解日本社会和日本文化。

第四册在继续提高听解能力的同时,注重提高学生的整体日语实力。第四册明显减少会话文的听解,而增加文章性内容的听解,这就要求学生需要进一步提高把握文章整体内容的能力。听与说事实上是难以分割的,适当的"说"也可以促使学生集中精力思考听解内容,二年级下学期的学生已经具备一定的日语表达能力,从第四册开始可以加强师生互动。题材方面以有日本特色的社会、历史、文化、生活、环境等等为主,有助于学生了解日本社会和文化。

第四册兼顾对应日语能力等级考试 N2 和 N1 以及全国日语专业能力四级考试。

第五册　对应三年级全学年。

教学目标继续注重语言的学习和听解策略、听解技巧的训练,大量减少会话性文体,增加论述性文章,熟悉日本人的思维方式和表述方式。增加师生互动,对听解内容展开讨论。

课文内容在第四册的基础上继续扩大有关日本知识面的题材,同时注重增加各类文体,包括广播电视的新闻报道、评论、演讲、讲故事、辩论、曲艺节目等各种文体。

第五册由 30 课组成,专业教学可根据课程设置安排一学期或二学期教学。

第五册兼顾日语能力等级考试 N1。开设专栏,有针对性地进行听力技巧的专项训练,提前对应专业日语四年级的八级考试。

本套教材的编写,虽然由各位主编主要负责每一册的编写工作,但其实在编写过程中,整个编写班子并没有明确地分册编写,而是通力合作,共同讨论和分析。这样就保证了整套教材的定位、理念、特色的一致,保证了语言学习的连贯性和递增性,同时也保证了听解策略的循序渐进和课文内容的合理安排。

在整个编写过程中,我们参考了大量的国内外有关的听力教材,感谢各位前辈的探索和

努力为我们提供的宝贵经验和智慧,参与本书编写的还有林工、凌蓉、陈敏、汤萍、张宇、王娟等。同时在使用过程中,我们也得到了上海外国语大学、苏州大学等数十所高校的任课教师的可贵建议和有益的帮助,在此一并表示深挚的感谢。

尽管如此,在整个编写过程中,我们仍然深感自己在听力教材编写方面的专业知识的不足和能力的有限,种种缺陷和不足在所难免。我们衷心地希望本套教材能够为日语听力教学奉献一点绵薄之力,我们更热切地希望本套教材能够得到日语教育界专家同行和使用者的批评指正。

皮细庚

# 编者的话

## 一、 本册教材的定位

本册教材为《全新日本语听力》的第四册，教学对象是大学日语专业二年级下的学生。从编写理念到编写技巧，都以适应日语专业本科和大专的听力课程的教学要求为目标，同时又兼顾自学者以及社会人士学习日语和参加各类等级考试的需求。

众所周知，整个二年级是日语综合能力迅速提高的阶段，因此也是训练听力、提高听力的最佳时期。第四册起到了承接中级与高级两个教学阶段的作用，同时也必须起到提高综合听说能力的作用。因此，本册教材以各类社会活动和社会话题为主，拓宽学生的听力知识面，在各类活动以及普遍关心的话题中提高听解能力，并提高实际会话中的听说能力。

## 二、 本册教材的编写理念及特色

本册教材始终坚持"好用"和"实用"的编写理念。这个理念同时兼顾教师和学生两方面：既便于教师组织教学活动，又有利于学生自主开展复习和辅助性学习活动。

**丰富的日常生活话题**　本册教材的内容上的特点之一就是学习各类社会活动和普遍关心的话题。第1课是正月过年、成人仪式、过年前的活动，第2课是情人节、七夕、父亲节母亲节等节日，第3课是赏樱花，第4课是温泉与旅游，第5课是地震、海啸等灾害的话题，第6课是住宅方面的话题，第7课是垃圾处理，第8课是电车礼仪，第9课是日本饮食，第10课是流行服饰、网购等方面的话题，第11课是动漫，第12课是环境问题，第13课是留学体验，第14课是有关结婚的活动，第15课是老龄社会问题。所有这些话题，从日常生活过渡到社会普遍关心的话题，进一步拓宽学生听力的词汇量和知识面，为进入高级听力阶段做准备。

**增设听解策略板块**　本册教材增设了「聴解ストラテジー」(听解策略)的板块。这个板块的增设主要是为了系统地、有针对性地训练学生参加各级能力考试而做的准备。每课一个专项训练：第1课是时间，第2课是地点，第3课是什么东西，第4课是必要的东西，第5课是何种关系，第6课是顺序问题，第7课是原因理由，第8课是出错抱怨，第9课是观点想法，第10课是推测数字，第11课是推测场景，第12课是预测话题的展开，第13课是采访的要点归纳，第14课是场景的要点听解，第15课是广告节目的要点听解。尤其是最后3课的要点听解，内容比较原汁原味。

**注重注重语言表达的正确性和实用性**　本册教材在选材方面，始终采用日本各类教科书或杂志文章中的原汁原味的会话或文章，以保证语言表达的正确性和实用性。尤其是第14课更是选取了原声，让学生能够全面接触到原汁原味的日语。另一个方面，也希望通过这样的编

排,与第五册全面采用原声资料的设定能够顺畅地衔接起来。同时,本册教材以贴近生活的节假日和各类社会活动为主要内容,旨在增加学生的词汇量,拓宽知识面,以达到听力教材在外语学习中的实用性。

**兼顾趣味性** 本册教材秉承"学中有乐、乐中有学"的快乐教育理论,兼顾学习的趣味性。在第三册"轻松一刻"的基础上,选入了众多经典的歌曲、谜语和笑话等内容。

**紧密结合应试指导** 本册教材秉承本系列教材的实用性,在课堂练习的「テストしましょう」的「聞き取り4」和「復習しましょう」的「聞き取り6」里,配套了完全对应等级考试的应试指导,其难度对应能力考试的 N2,具有较强的实用性。

### 三、 本册教材的构成及各课内容编排

本册教材分为教师用书和学生用书两册。其中教师用书由教学目标、听解的录音原文、听解的题目要求解答四个部分构成;学生用书由学习目标和具体的听解题目构成。

本册教材每一课都是由「聴解ストラテジー」「ウォーミングアップしましょう」「練習しましょう」「テストしましょう」「休憩しましょう」「復習しましょう」6 个部分组成,基本上构成"听前""听中""听后"的结构。其中,「聴解ストラテジー」是整篇课文的"听前",而「ウォーミングアップしましょう」是「聞き取り2」「聞き取り3」的"听前"。"听中"分为听解练习的「練習しましょう」和应试指导练习的「テストしましょう」。"听后"是「復習しましょう」,包括「聞き取り5」和「聞き取り6」,前者是与课文相关的会话听解练习,后者是应试指导练习。

### 四、 本册教材的使用说明

本册教材每课使用两个课时(45 分钟×2),共 90 分钟。以下为教学参考。

1.「聴解ストラテジー」配置 10 分钟课时

本册教材的听解策略分别是各个专题。策略内容本身与课文的主题和内容没有直接联系,如何安排课堂教学,各位老师可以根据自己学校学生的具体情况而定。

下面以第 1 课为例。每课基本配套 3 个练习,题型以填空和选择为主。以下的第 1 课是填空题。

(以下为「聴解ストラテジー」的练习)

---

**1.** 次に会話を聞いて、何時か、何曜日か、何月何日か、答えなさい。

(1) 何時 (　　　　　)

(2) 何曜日 (　　　　　)

(3) いつ (　　　　　)

**2.** もう一度聞いて、答えを確認しなさい。

---

下面再以第 15 课为例，是选择的题型。

---

**1.** 次はスポーツの実況中継です。 何のスポーツか正しいものを選びなさい。

(1) ①サッカー　　②バスケットボール　　③相撲　　④野球

(2) ①サッカー　　②バスケットボール　　③相撲　　④野球

(3) ①サッカー　　②バスケットボール　　③相撲　　④野球

(4) ①サッカー　　②バスケットボール　　③相撲　　④野球

**2.** 次のアナウンスはコマーシャルです。 何の宣伝か、正しいものを選びなさい。

(1) ①洗濯用洗剤　　②食器用洗剤　　③窓ガラス用洗剤

(2) ①空港会社　　②鉄道会社　　③自動車会社

(3) ①のどの薬　　②スポーツドリング　　③ダイエット食品

**3.** もう一度聞いて、答えを確認しなさい。

---

这部分的内容本身与主课文没有关联，教师可以根据具体情况，自由安排教学活动。

**2.**「ウォーミングアップしましょう」配置 5 分钟

　　每课的热身是与该课的主题相关的词汇类的提示，本册教材坚持采用会话形式，而不是单纯的单词的重复。本册沿袭第三册的做法，采用二选一的选择题的出题方式。请各位教师在授课时要注意，每个选项的单词都要讲解，并非正解才是需要导入的单词。

　　下面以第 2 课的「聞き取り 1」为例进行说明。这一课的主题是「バレンタインデー」。

---

**1.** 会話を聞いて、会話の内容と合うものを選びなさい。

例 （　**A**　）

　　A　七夕　　　　　　B　端午

(1) （　　　　　）

　　A　年末商戦　　　　B　クリスマス商戦

(2) （　　　　　）

　　A　天の川　　　　　B　彦星

(3) （　　　　　）

　　A　エープリルフール　B　ハロウィーン

**2.** もう一度会話を聞いて、答えを確認しなさい。

---

例如(3)「ハロウィーン」是课文中出现的,而「エープリルフール」是课文中没有出现过的,但是是相关的单词。

3. "練習しましょう"配置50分钟课时

本册教材由「聞き取り2」(会話为主)和「聞き取り3」(短文为主)构成。

下面以第4课的「聞き取り3」为例进行说明。

---

1. 会話を聞いて、会話の順に従って、次の話題を並べなさい。

A　夜行寝台列車の旅　　　　B　団体ツアーの注意事項
C　安いプラン　　　　　　　D　旅の種類の多様化
(　　　　　)→(　　　　　)→(　　　　　)→(　　　　　)


2. もう一度会話を聞いて、次の文を完成しなさい。

(1) 夜行の寝台は(　　　　　)で、仰向けになると、(　　　　　)がすぐ(　　　　　)に来るくらいの高さだった。

(2)「(　　　　　　　　　)」は夜行寝台列車ならではの醍醐味だ。

(3) 安いプランは、お客さんの少ない、(　　　　　　　　)の閑散期を利用している。

(4) 団体ツアーでは、くれぐれも(　　　　　　　)をしないように!


3. もう一度会話を聞いて、次の質問に答えなさい。

(1) 例を挙げながら、「ゼロ泊三日の旅」を説明しなさい。

(2) 北海道の閑散期はいつですか。

(3) 男の人は団体ツアーでどんな目に合いましたか。

(4) 女の人はどんなアドバイスをしましたか。

(5)「赤を着た派手なオジサン」はどういう意味ですか。


4. みなさんはよく旅行しますか。 みんなで話し合いましょう。

---

本册教材的出题特色之一是题量有所增加。一般每篇文章有4个大题,而且基本包含问答的题型。对于二年级的学生进一步提高听解能力有帮助。此外,每篇文章的最后一大题是讨论题,以求达到输入和输出同时锻炼的目的。

4.「テストしましょう」配置15分钟课时

这个板块是实战演练,教师可以按照临场考试的要求,让学生们自我测试一下。完成测

试后,再利用课堂时间进行讲解。这道题其实是一道真正的"监控"题,教师放录音,学生自己监控测试的效果,有助于学生了解自己的不足之处,更有助于教师把握学生的掌握情况,有的放矢地开展今后的教学工作。

5.「休憩しましょう」配置 5 分钟课时

本册教材的「休憩しましょう」分别由歌曲、笑话和谜语等组成。目的在于让学生们放松一下,活跃课堂气氛,同时也通过这些了解日本的文化。许多谜语结合了日语的语言知识,在活跃课堂气氛的同时,也增进语言知识。

6.「復習しましょう」

这个板块由「聞き取り5」和「聞き取り6」两部分构成。「聞き取り5」是本课的复习,很有针对性,一定要求学生回家认真完成。「聞き取り6」是课内「テストしましょう」的延伸部分。教师可以根据情况选择在课堂完成或是让学生在课后完成。

虽然我们前面已经编写了本套教材的前三本教材,但是本册教材在具体编写过程中应该说还是遇到了一些问题。为了能够更加贴近各类社会活动、引入广受关注的话题,本册教材较之第三册教材,在会话和短文的长度和词汇量方面,都有了一定的增加,难度上了有了一定的提高,以求能够顺利地过渡到以原声为主的第五册。我们本着认真钻研、精益求精的态度,经过全体编写人员的通力合作,希望能够比较完满地解决这些过渡的问题。在此,作为编者之一,借此机会深深地感谢各位编写人员不辞辛劳的工作和努力。本册教材难免有疏漏和不尽如人意之处,敬请广大读者不吝指正。

编者

# 目　録

# 第1课　お正月

## 聴解ストラテジー

時間・いつ

　実際の会話では、時間・場所・人物・内容などが主な内容となっている。ここでは、まず時間の聞き取りを練習しよう。

1. 次に会話を聞いて、何時（なんじ）か、何曜日か、何月何日か、答えなさい。

（1）何時　　　（　　　　）

（2）何曜日　　（　　　　）

（3）何月何日（　　　　）

2. もう一度聞いて、答えを確認しなさい。

 聞き取り 1

1. 会話を聞いて、会話の内容と合うものを選びなさい。

例（　A　）

　　A　おせち料理　　　　　　　　B　懐石料理

（1）（　　　　）

　　A　重箱　　　　　　　　　　　B　弁当箱

(2) (　　　　)

    A　羽織袴　　　　　　　　　　　B　振り袖

(3) (　　　　)

    A　団塊の世代　　　　　　　　　B　ゆとり世代

(4) (　　　　)

    A　師走　　　　　　　　　　　　B　霜月

2. もう一度会話を聞いて、答えを確認しなさい。

## 聞き取り 2

1. 会話を聞いて、お正月の習慣について、何に触れたか、次の文を完成しなさい。

(1) ＿＿＿＿＿＿＿＿＿で乾杯する。

(2) ＿＿＿＿＿＿＿＿を食べる。

(3) ＿＿＿＿＿＿＿＿回＿＿＿＿＿＿＿＿を鳴らす。

(4) ＿＿＿＿＿＿＿に行く。

2. もう一度会話を聞いて、会話の内容と合うものに〇をつけなさい。

(1) リンさんは日本で働いています。

(2) おせち料理は全部高橋さんの奥さんが作ったのです。

(3) リンさんは初詣に行って、お正月を迎えている実感ができて、幸せでした。

(4) おせち料理があまりにも多くて、食べきれなくて、もったいないです。

3. もう一度会話を聞いて、次の質問に答えなさい。

(1) おせち料理はなぜ重箱に詰めているのですか。

(2) おせち料理に使う材料の特徴は何ですか。

(3) 会話に触れたおせち料理はどんなものがありますか。それぞれ、どんな言葉のあやがありますか。

(4) 除夜の鐘を鳴らす回数はどんな特別な意味を持っていますか。

4. 日本のお正月と中国の春節とはどんな違いがありますか。みんなで話し合いましょう。

😀 **聞き取り3**

1. 録音を聞いて、次の文を完成しなさい。

(1) 1948年に法律で定められた成人の日は（　　　　　）でしたが、現在の成人の日は（　　　　　）と制定されています。

(2) 全国で地域ごとに差はあるものの、毎年（　　　　　）から（　　　　　）にかけて成人式が行われます。

(3) 成人式で女性は（　　　　　）、男性は（　　　　　）や（　　　　　）などの正装をします。

(4) 今年の香川県の成人式は（　　　　　）に、県内の（　　　　　）市（　　　　　）町で行われました。

2. 録音を聞いて、「人物」と「夢」の内容と合うように、線を引きなさい。

| 人物 | 夢 |
|---|---|
| ① 東京都 調布市の大学生、石川槙悟 | 世界一周 |
| ② 大阪市の大学生、須崎沙衿 | 子供とショッピング |
| ③ 高松市の高専生、佐藤亮太 | 看護師 |
| ④ 大阪府 堺 市の大学生、香川彩実 | インド留学 |
| ⑤ 大阪府池田市の大学生、田中啓公 | 番組を作ること |
| ⑥ 丸亀市の主婦、宮内怜奈さん | 診療放射線技師 |
| ⑦ 岡山県倉敷市の短大生、井出菜月 | 建築家 |
| ⑧ 広島県福山市の大学生、湯浅健太 | アナウンサー |

3. もう一度録音を聞いて、録音の内容と合うものに〇を付けなさい。

(1) 石川槙悟さんはインドをおもしろい国だと思っています。　　　　　（　　　）

(2) 須崎沙衿さんは小さくて住みやすい建物を作りたいと言っています。　　（　　　）

(3) 佐藤亮太さんはさっそく旅行に行く予定です。　　　　　　　　　（　　　）

(4) 香川彩実さんは患者が安心できるような技師になりたいと言っています。（　　　）

(5) 田中啓公さんはバラエティー番組を作りたいと言っています。　　　（　　　）

(6) 宮内怜奈は子供のために働きたいと言っています。　　　　　　　（　　　）

(7) 井出菜月さんはもう卒業しました。　　　　　　　　　　　　　（　　　）

（8）湯浅健太さんはまだ若いからいろいろと挑戦してみたいと思っています。（　　　　）

4. 録音を聞きながら、それぞれの発話内容を復唱しなさい。そして、どんな夢を持って
　いるか、みんなで話し合いましょう。

### 聞き取り4

**1番**

1　ケーキ

2　何も買わない

3　ネクタイ

4　猫の置物

**2番**

1　ワイン

2　ケーキ

3　花

4　紅茶

**3番**

① ② ③ ④

**4番**

① ② ③

**5番**

① ② ③

**6番**

**質問1**

1　ビール

2　ジュース

3　クッキー

4　ケーキ

**質問2**

1　ビール

2　ジュース

3　クッキー

4　ケーキ

😃 **聞き取り 5**

**1.** 録音を聞いて、録音の内容と合うテーマを選びなさい。

(1)（　　　　　　　　）　　　　　　　　(2)（　　　　　　　　）

A　毎日やれば十分　　　　　　　　B　小物整理が難敵

**2.** もう一度録音を聞いて、次の文を完成しなさい。

(1) 毎年のように、師走の声を聞くと、「（　　　　　　　　　　　　）」と考える。

(2) 日暮れとともに、「（　　　　　　　　　）」と終わらせてしまうのだ。

(3) 慌しい時期に、1年間ためた汚れと格闘するのは（　　　　　　　）と考えるからだ。

**3.** もう一度録音を聞いて、(1)と(2)から出てきた掃除の具体例を選びなさい。また、その掃除方法を簡単にまとめなさい。

(1)（　　　　　　）　　　　(2)（　　　　　　）

A　手紙　　　B　ガスレンジ　　　C　写真　　　D　換気扇　　　E　窓

**4.** みなさんは師走に何をしますか。掃除もしますか。みんなで話し合いましょう。

**聞き取り6**

**1番**

1 お菓子ギフト

2 コーヒーギフト

3 ワイン

4 紅茶

**2番**

1 ケーキ

2 おもちゃ

3 編み物

4 サッカーボール

**3番**

**4番**

① ② ③

**5番**

① ② ③

**6番**

**質問1**

1 2万円

2 3万円

3 5万円

4 4万円

**質問2**

1 2万円

2 3万円

3 5万円

4 4万円

# 第2課　バレンタインデー

（1）本课主要围绕一些节日展开，包括情人节、七夕和母亲节等。不仅可以了解各个节日，也可以了解中日文化间的差异。
（2）本课以场所为听解要点。会话中一般不直接讲出场所，所以要根据会话的内容来判断在什么地方。

## 聴解ストラテジー

場所・どこ

　実際の会話では、時間・場所・人物・内容などが主な内容となっている。ここでは、まず場所の聞き取りを練習しよう。

1. 次の短い会話を聞いて、会話の雰囲気を手がかりにして、どんな場所・場面かを判断しなさい。
（1）これからどこへいく
A　①映画館　　　②駅　　　③空港
B　①映画館　　　②駅　　　③空港
（2）いまどこにいる
A　①図書館　　　②スーパー　　　③風呂場
B　①図書館　　　②スーパー　　　③風呂場
（3）どこで服を赤くしたのか
①食堂　　　②寝室　　　③レストラン

2. もう一度聞いて、答えを確認しなさい。

## 聞き取り1

1. 会話を聞いて、会話の内容と合うものを選びなさい。

例 （ A ）

    A 七夕　　　　　　　　　　B 端午

(1)（ 　　 ）

    A 年末商戦　　　　　　　　B クリスマス商戦

(2)（ 　　 ）

    A 天の川　　　　　　　　　B 彦星

(3)（ 　　 ）

    A エープリルフール　　　　B ハロウィーン

2. もう一度会話を聞いて、答えを確認しなさい。

## 聞き取り2

1. 会話を聞いて、会話に出てきた内容を選びなさい。

祝祭日：A バレンタインデー　　　B ホワイトデー　　　C 七夕　　　D 母の日

贈り物：A チョコレート　　　　　B お菓子　　　　　　C カーネーション

      D キャンディー　　　　　E マシュマロ　　　　F バラ　　　G 花

      H ケーキ

2. もう一度会話を聞いて、会話の内容と合うものに〇をつけない。

(1) 日本ではバレンタインデーに女性が男性にチョコレートを贈る習慣があります。

(2) バレンタインデーの習慣は1968年、ホワイトデーの習慣は1978年から始まったのです。

(3) 先生は例として、「義理チョコ」と「友チョコ」のことを言いました。

(4) ホワイトデーは3月14日です。

(5) この会話は留学生と先生との会話です。

3. もう一度会話を聞いて、次の質問に答えなさい。

(1) バレンタインデーの習慣はどうやって始めたのですか。

(2) バレンタインデーの習慣が定着した背景は何ですか。

(3)「義理チョコ」と「本命チョコ」とはどう違いますか。

(4) 最近、「義理チョコ」と「本命チョコ」とは、どんな違いが出てきたのですか。

(5) 日本のバレンタインデーとヨーロッパのとは、どんな違いがありますか。

4. 最近、日本のバレンタインデーのチョコの種類も増えていると知っていますか。バレンタインデーに贈り物をもらったことがありますか。みんなで話し合いましょう。

🙂 聞き取り3

1. 本文を聞いて、日中七夕の相違について、次の表を完成しなさい。

|  | 日付 | | | 伝説 | 誰のため |
|---|---|---|---|---|---|
| 中国：（　　）の（　　）月（　　）日 | | | | A 同じ・B 違う | （　　　） |
| 日本：（　　）の（　　）月（　　）日 | | | | A 同じ・B 違う | （　　　） |

2. もう一度本文を聞いて、本文の内容と合うものに〇をつけなさい。
(1) 日本では各地それぞれの七夕の風習があります。
(2) その中、一番重要なのは晴れ着姿で日本舞踊を踊ったりすることです。
(3) 日本人は願い事を書いた紙を短冊と呼びます。
(4) 日本人は短冊を屋根の下につるし、星空に願いを託します。

3. もう一度本文を聞いて、次の質問に答えなさい。
(1) 七夕の伝説を簡単にまとめなさい。

(2) 中国では七夕の日に、恋人同士はよく何をしますか。

(3) 日本人はいろいろな願い事をしました。例を挙げてみなさい。

4. みなさんはどんな願い事がありますか。みんなで話し合いましょう。

**聞き取り4**

**1番**

1　6000円

2　5000円

3　4000円

4　3000円

**2番**

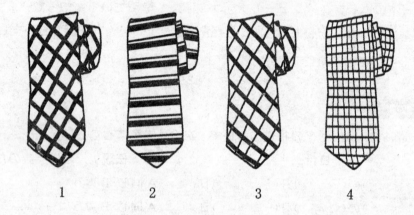

1　　　　　2　　　　　3　　　　　4

**3番**

**4番**

① ② ③

**5番**

① ② ③

**6番**

**質問1**

1　レモンの香り

2　ラベンダーの香り

3　ペパーミントの香り

4　ジャスミンの香り

**質問2**

1　レモンの香り

2　ラベンダーの香り

3　ペパーミントの香り

4　ジャスミンの香り

😄 聞き取り 5

1. 会話を聞いて、次の表を完成しなさい。

|  | 父の日 | 母の日 | 今年の父の日 |
|---|---|---|---|
| 日付 |  |  |  |
| 定めた国 |  |  | なし |
| 定めた年 |  |  | なし |
| 贈る花 |  |  |  |

2. もう一度会話を聞いて、会話に出てきた「お祝い事」を選びなさい。

A　父の日　B　母の日　　C　バレンタインデー　D　クリスマス　　E　ハロウィン
F　七夕　　G　桃の節句　H　端午の節句　　　I　　重陽の節句　　J　七草の節句

3. もう一度会話を聞いて、次の質問に答えなさい。

(1) 孫はなぜ「父の日」と「母の日」とどっちが偉いという質問を出したのですか。

(2) 世界中の「父の日」は同じ日ですか。例を挙げて説明しなさい。

(3) おじいさんが言う「殊勝な態度」というのは具体的にどんな態度ですか。

4. みなさんは「父の日」や「母の日」に何か贈りましたか。みんなで話し合いましょう。

聞き取り6

**1番**

1 明るい色のショールをかける

2 ドレスの長さを長くする

3 袖の長さを長くする

4 黒い色のドレスにする

**2番**

1 着物が似合わないから

2 着物が洋服より地味だから

3 着物の帯がきついから

4 着物は成人式に着るから

**3番**

① ② ③ ④

**4番**

① ② ③

**5番**

① ② ③

**6番**

① ② ③ ④

# 第3课　お花見

> （1）本课以赏樱花为主要内容，了解赏樱花的文化、赏樱花的礼仪以及樱花与气候等方面的内容。
> （2）本课以内容为听解要点。听解本身没有图片，所以需要根据会话中的颜色、尺寸、用途等来判断。

 **聴解ストラテジー**

物・なに

　実際の会話では、時間・場所・人物・内容などが主な内容となっている。ここでは、何のものかという聞き取りを練習しよう。

**1. 次の短い会話を聞いて、何のものか、正しいものを選びなさい。**

(1) ①紙　　　　　②カバン　　　　③靴

(2) ①パソコン　②家　　　　　　③乗用車

(3) ①映画　　　②テレビ番組　　③ラジオ放送

**2. 次の短い会話を聞いて、何のものか、判断しなさい。**

(1) (　　　　　)

(2) (　　　　　)

**3. もう一度聞いて、答えを確認しなさい。**

😊 **聞き取り 1**

**1. 会話を聞いて、会話の内容と合うものを選びなさい。**

例 （ **A** ）

    **A** 無礼講     **B** 無愛想

(1) （      ）

    **A** リハビリ            **B** デリバリー

(2) （      ）

    **A** 名刺               **B** 古刹

(3) （      ）

    **A** メリット           **B** デメリット

**2. もう一度会話を聞いて、答えを確認しなさい。**

😊 **聞き取り 2**

**1. 会話を聞いて、どんな人同士の花見について話しているまるかを判断しなさい。**

（          ）の花見      （          ）の花見

**2. もう一度会話を聞いて、会話の内容と合うものに〇をつけなさい。**

(1) 女の人はお花見が大変なので、行かないことにします。

(2) 新入社員の最初の仕事と言ってもいいのは花見の場所取りです。

(3) 女の人は最近お花見の時よくピザを注文します。

(4) 女の人はお花見の時、置いていた弁当を犬に食べられたことがあります。

(5) 会話は主にお花見の場所取りと無礼講について話しています。

**3. もう一度会話を聞いて、次の質問に答えなさい。**

(1) 新入社員と花見の場所取りとどんな関係がありますか。

(2) 女の人は新入社員であった時、どんなお花見の思い出がありますか。

(3) 昔のお花見と今のお花見とは何が違いますか。

(4) お花見のマナーとは具体的に何がありますか。

4. みなさんはお花見をしたことがありますか。みんなで話し合いましょう。

😄 聞き取り 3

1. 短文を聞いて、次の表を完成しなさい。

都市名：(　　　　　　　)

観光物：(　　　　　　　)

今の季節：(　　　　　　　)

2. もう一度短文を聞いて、短文の内容と合うものに○をつけなさい。
(1) 京都観光のピークは4月と11月です。
(2) 夜間で楽しめる紅葉のライトアップは好調で十一日間も延長しなければなりません。
(3) 京都だけでなく、全国的に紅葉の時期が例年より遅れています。
(4) 京都は「京都議定書」を取り決めた"環境都市"としても知られます。
(5) 暖かい日が続くと、観光シーズンが長くなって、観光客も増えて、喜ぶべきことです。

3. もう一度短文を聞いて、次の質問に答えなさい。
(1) 暖かい日が続くと、紅葉にどんなデリメットがありますか。

(2) 地球温暖化による京都の観光変化について、どう思っていますか。

4. 地球温暖化はみなさんの生活にどんな影響をもたらしているのですか。みんなで話し合いましょう。

😄 聞き取り 4

**1番**

1　13:20

2　13:35

3　13:50

4　14:15

**2番**

1　家でのんびりする

2　映画に行く

3　買い物に行く

4　植物園に行く

**3番**

① ② ③ ④

**4番**

① ② ③

**5番**

① ② ③

**6番**

① ② ③ ④

😊 聞き取り 5

1. 録音を聞いて、それぞれの便りに相応しいテーマを選びなさい。

(1) (　　　　　　　)　　　(2) (　　　　　　)　　　　(3) (　　　　　　　)

A　元気付けられる花見　　B　まちの風景から消えゆく桜　　C　念願がかなった花見

2. もう一度録音を聞いて、録音の内容と合うものに○をつけなさい。

(1) 亡くなった夫が行きたいと行っていたので、夫の写真を持っていきました。

(2) 運動公園の周辺の桜が伐採され、数十本しか残っていません。

(3) 日本人にとって、桜ほど大切な花はないと言ってもいいでしょう。

(4) 桜の木の下でお弁当を食べるのは殺風景です。

3. もう一度録音を聞いて、次の文を完成しなさい。

(1) (　　　　　　)の開花を待てずに、一足早く伊豆の(　　　　　　)祭りに行ってきました。

（2）咲く桜、散り行く（　　　　　）、（　　　　　　　）も風情がある。

（3）広大な運動公園の周辺の桜の木は、春になると（　　　　　　　）て、町の人の

（　　　　）を楽しませてくれえた。

（4）陽に（　　　　　）美しさに感動するし、（　　　　　　）な気持ちにさせてくれる。

（5）（　　　　）に溢れ、何かに（　　　　　）したくなる元気が出る。


4.「ソメイヨシノ」と「河津桜」との違いは何ですか。まとめてみなさい。

聞き取り6

**1番**

1　8人にメールする

2　4人にメールする

3　5人に電話する

4　4人に電話する

**2番**

1　春を感じる景色をたくさん入れること

2　風景が全部写真に入るようにすること

3　桜の花が満開のときにとること

4　一番感動したものに注目すること

**3番**

① ② ③ ④

**4番**

① ② ③

**5番**

① ② ③

**6番**

① ② ③ ④

# 第4課　温泉と旅行

（1）本课以温泉为主要内容。其中包含了泡温泉的感受、日本澡堂文化的知识以及旅行的话题。

（2）本课以必要与否为听解要点。听解过程中会出现较多的信息，听到最后才能确定其必要性。

## 聴解ストラテジー

必要なもの・ほか

何ものに関しては、必要なもの・必要でないものという形でよく出題されている。ここでは、それらの聞き取りを練習しよう。

1. 次の会話を聞いて、必要なもの・必要でないものを選びなさい。答えは一つとは限らない。

(1) 持っていかないもの　（　　　）

　　①傘　　　②懐中電灯　　　③枕

(2) 今から救急箱に入れなといけないもの　（　　　）

　　①空き缶　　　②ガーゼ　　　③包帯　　　④はさみ　　　⑤メモ用紙

　　⑥ボールペン　　⑦体温計　　　⑧消毒液　　　⑨ピンセット

(3) 用意しなければならないもの　（　　　）

　　①食品　　②ラジオ　　③懐中電灯　　④消火器　　⑤医療品

2. もう一度聞いて、答えを確認しなさい。

### 聞き取り 1

**1. 会話を聞いて、会話の内容と合うものを選びなさい。**

例 （　A　）

    A　上げ膳据え膳　　　　　　　B　至れり尽くせり

(1)（　　　　）

    A　銭湯　　　　　　　　　　B　薬湯

(2)（　　　　）

    A　寝台列車　　　　　　　　B　夜行列車

(3)（　　　　）

    A　繁忙期　　　　　　　　　B　閑散期

**2. もう一度会話を聞いて、答えを確認しなさい。**

### 聞き取り 2

**1. 会話を聞いて、会話の順に従って、次の話題を並べなさい。**

A　お風呂の後の食事やお土産　　　　B　印象深い温泉旅行
C　裸の付き合い　　　　　　　　　　D　熊本の市内の温泉
（　　　　　）→（　　　　　）→（　　　　　）→（　　　　　）

**2. もう一度会話を聞いて、会話の内容と合うものに○をつけなさい。**

(1) 最近、テレビで温泉を紹介する番組が多いです。

(2) 別府より熊本のほうが良質の温泉が多いです。

(3) 男の人は一番印象深かった温泉旅行は海辺の露天風呂です。

(4) 最近は「温泉まんじゅう」が定番のおみやげになりました。

(5) 女の人は広い浴場が苦手だと言っています。

**3. もう一度会話を聞いて、次の質問に答えなさい。**

(1) 銭湯感覚で利用できる温泉の特徴を挙げてみなさい。

(2) 男の人が海辺の露天風呂が好きな理由は何ですか。

(3) 女の人は「まさに極楽極楽」と言っていますが、それは何を指しますか。

(4) 男の人と女の人はそれぞれどんな浴場が好きですか。

4. みなさんは温泉や銭湯へ行ったことがありますか。みんなで話し合いましょう。

### 聞き取り 3

1. 会話を聞いて、会話の順に従って、次の話題を並べなさい。

A　夜行寝台列車の旅　　　　　　　B　団体ツアーの注意事項
C　安いプラン　　　　　　　　　　D　旅の種類の多様化
(　　　　　)→(　　　　　)→(　　　　　)→(　　　　　)

2. もう一度会話を聞いて、次の文を完成しなさい。

(1) 夜行の寝台は(　　　　)で、仰向けになると、(　　　　)がすぐ(　　　　)に来る
　　くらいの高さだった。
(2) 「(　　　　　　　　　　)」は夜行寝台列車ならではの醍醐味だ。
(3) 安いプランは、お客さんの少ない、(　　　　　　　)の閑散期を利用している。
(4) 団体ツアーでは、くれぐれも(　　　　　　)をしないように！

3. もう一度会話を聞いて、次の質問に答えなさい。

(1) 例を挙げて、「ゼロ泊三日の旅」を説明しなさい。

(2) 北海道の閑散期はいつですか。

(3) 男の人は団体ツアーでどんな目に合いましたか。

(4) 女の人はどんなアドバイスをしましたか。

(5) 「赤を着た派手なオジサン」はどういう意味ですか。

4. みなさんはよく旅行しますか。みんなで話し合いましょう。

 聞き取り 4

**1番**

| | 新　宿 | ■ ■ ■ | ■ ■ ■ | 空港第2ビル | 空港第1ビル |
|---|---|---|---|---|---|
| ■■ ■■ | ■■ ■■ | ■■ ■■ | ■■ ■■ | ■■ ■■ | ■■ ■■ |
| ■■ ■■ | ■■ ■■ | ■■ ■■ | ■■ ■■ | ■■ ■■ | ■■ ■■ |
| ■■ ■■ | ■■ ■■ | ■■ ■■ | ■■ ■■ | ■■ ■■ | ■■ ■■ |
| 1 ─ 33号 | 11:40 | 11:46 | ■■ ■■ | 12:50 | 12:55 |
| 2 ─ 35号 | 12:10 | 12:16 | ■■ ■■ | 13:20 | 13:25 |
| 3 ─ 37号 | 12:40 | 12:46 | ■■ ■■ | 13:50 | 13:55 |
| 4 ─ 38号 | 13:10 | 13:16 | ■■ ■■ | 14:20 | 14:25 |
| ■■ ■■ | ■■ ■■ | ■■ ■■ | ■■ ■■ | ■■ ■■ | ■■ ■■ |

時　刻　表

**2番**

1　男の人の好きな映画を見る

2　女の人の好きな映画を見る

3　怖い映画を見る

4　今日は映画を見ない

**3番**

① ② ③ ④

**4番**

① ② ③

**5番**

①　②　③

**6番**

**質問1**

1　すぐにクリーニング店に電話をする

2　朝、クリーニング店にシャツを取りに行く

3　旅行先から、クリーニング店に電話する

4　シャツのことはあきらめる

**質問2**

1　すぐにクリーニング店に電話をする

2　朝、クリーニング店にシャツを取りに行く

3　旅行先から、クリーニング店に電話する

4　シャツのことは、あきらめる

### 聞き取り5

**1.** 短文を聞いて、入浴の調査結果についての文を完成しなさい。

(1) 内風呂がある人の中で、ほとんど毎日風呂に入ると答えた人が約（　　　　　　）％、

　　（　　　　　　　　　）人がおよそ30％。（　　　　　　　　　）人が約20％ぐらい。

(2) 銭湯へ行く人たちの中で、（　　　　　　　　）行く人がもっとも多い。

**2.** 短文を聞いて、短文の内容と合うものに〇をつけなさい。

(1) 日本はお風呂に入る習慣の歴史が1000年以上もあります。

(2) 日本は「きれい好き」とも「風呂好き」とも言われています。

(3) 江戸に銭湯がたくさんできたのは17世紀の終わりごろです。

(4) 銭湯が少なくなったのは、お風呂のある家が増えたからです。

**3.** もう一度短文を聞いて、次の質問に答えなさい。

(1)「朝シャン族」はどんな人たちのことを指しますか。

(2) 江戸の人たちは銭湯に行く理由は何ですか。

（3）どうして温泉はお年寄りや若い人に人気がありますか。

4. みなさんも「朝シャン族」ですか。

## 聞き取り6

**1番**

1　靴と帽子
2　カメラと化粧品
3　靴下とセーター
4　帽子とセーター

**2番**

1　観光や宴会が好きだから行きたい
2　観光や宴会は嫌いだから行きたくない
3　自分のためになりそうだから行きたい
4　時間の無駄だから行きたくない

**3番**

① ② ③ ④

**4番**

① ② ③

**5番**

① ② ③

**6番**

① ② ③ ④

# 第5課　　自然災害

**学习目标**

(1) 本课以地震灾害为主要内容。其中包括地震、预防海啸的知识以及灾后人们住在临时房屋的生活情况等,涉及多种灾害、灾后重建以及预防知识的多方面的内容。

(2) 本课以人物关系为听解要点。通过语气、内容等判断会话双方的关系。

 **聴解ストラテジー**

人間関係

　実際の会話では、時間・場所・人物・内容などが主な内容となっている。ここでは、会話をしている人同士の人間関係の聞き取りを練習しよう。

**1.** 次の短い会話を聞いて、どんな人間関係か、選びなさい。

(1) (　　　　　)　　　(2) (　　　　　)　　　(3) (　　　　　)　　　(4) (　　　　　)

①親子の会話　　②学生同士の会話　　③上司と部下の会話　　④恋人同士の会話

**2.** 次の会話を聞いて、どんな人間関係か、判断しなさい。

(1) (　　　　)　　　　(2) (　　　　)

**3.** もう一度聞いて、答えを確認しなさい。

**聞き取り 1**

**1.** 会話を聞いて、会話の内容と合うものを選びなさい。

例 (　**A**　)

　　**A** ひび割れ　　　　　　　　　　　**B** 地鳴り

(1) (　　　)
    A　豪雨　　　　　　　　　　B　土砂崩れ
(2) (　　　)
    A　仮設住宅　　　　　　　　B　避難所
(3) (　　　)
    A　世帯　　　　　　　　　　B　携帯

2. もう一度会話を聞いて、答えを確認しなさい。

## 聞き取り 2

1. 会話を聞いて、次の表を完成しなさい。

災害：(　　　　　　)
時期：(　　　　　)の初め頃、(　　　　)の前
天気：(　　　　　)
時刻：(　　　　)5時10分頃
強さ：最初は震度(　　　　)程度の揺れで、それから(　　　　)くらい後、(　　　　　　)
　　　地震が始まった。

2. もう一度会話を聞いて、次の文を完成しなさい。

A　当時家の中の様子　家の中で感じたこと
(1) まるで映画に出てくる(　　　　　　)みたいなすごい音が聞こえました。
(2) (　　　　　)も(　　　　　)もずべて倒れてしまって、(　　　　)は、倒れたとき
　　に(　　　　　)一枚もなくなってしまいました。

B　外の様子
(1) 庭の芝生が波うっていたように(　　　　　)ていました。
(2) (　　　　　)があちこちで倒れてしまいました。道路も(　　　　)が出て、ブロッ
　　ク塀は倒れてバラバラになって(　　　　　)し、(　　　　　)まで漂っていまし
　　た。

3. もう一度会話を聞いて、質問に答えなさい。
(1) 地震の日の夜、どのように寝ましたか。よく眠りましたか。

(2)「不自由な毎日」は具体的にどんなことですか。

4. あなたは何か災害に遭ったことがありますか？みんなで話し合いましょう。

## 聞き取り 3

1. 短文を聞いて、短文の順に従って、次の内容を並べなさい。

A　波の高さの実感　　B　避難地図作り　　C　津波の破壊力

（　　　　　　　）→（　　　　　　　）→（　　　　　　　）

2. もう一度短文を聞いて、短文の内容と合うものに〇をつけなさい。

(1) 津波に襲われた岩手県釜石市では小中学生のほぼ全員が津波から逃れました。

(2) この短文は市民向けの津波防災授業を紹介するものです。

(3) 教室で津波の映像を見せたり、水流で立っていられない波の高さの実験をします。

(4) DVDを作成したのは5年も防災教育に取り組んだ片田教授です。

3. もう一度短文を聞いて、次の文を完成しなさい。

(1) 教室で津波の映像をDVDで流します。（　　　　　　　）を大きく超える波が
（　　　　　　　）様子や、市街地に入ってたくさんの建物やものを（　　　　　）に変
えていく様子などが流れます。

(2) 教師と学生とのやりとりの中で、大きな地震のあとで（　　　　　　）こと、人は簡
単に（　　　　　　　）こと、避難の際は遠くを目指すのではなく、（　　　　　　　）
ことを、教師が話します。

(3) 人が簡単に流される（　　　　　　　）センチの水流は、2年生なら、子供によっては
（　　　　　　）の高さ、大人の身長なら、（　　　　　　　）の高さです。

(4) 過去に津波が来た場所や（　　　　　　　）を知った上で、自分の登下校時の
（　　　　　）や普段の（　　　　　　　）の（　　　　　　　）を歩いて見て回り、地図
に（　　　　　　　）ます。

(5) 釜石市の防災教育は（　　　　　　　）を通して、「（　　　　　　　）」を重視しま
す。

4. みなさんは東日本大震災を知っていますか。みんなで自然災害について話し合いま
しょう。

**🙂 聞き取り 4**

**1番**

1　第一小学校に行く

2　第三中学校に行く

3　市立体育館に行く

4　コミュニティーセンターに連絡する

**2番**

1　地震のため

2　事故のため

3　信号機の故障のため

4　まだわからない

**3番**

| ① | ② | ③ | ④ |
|---|---|---|---|

**4番**

| ① | ② | ③ |
|---|---|---|

**5番**

| ① | ② | ③ |
|---|---|---|

**6番**

| ① | ② | ③ | ④ |
|---|---|---|---|

**🙂 聞き取り 5**

1. 録音を聞いて、次の表を完成しなさい。

場所：阿蘇市

災害：（　　　　　　）

原因：（　　　　　　）A　地震　　B　津波　　C　豪雨

仮設住宅：（　　　　）世代　　（　　　　）人

2. もう一度録音を聞いて、次の表を完成しなさい。

| 質問 | （　　　　　　　　） | 生活の適応性 | 再建費用 |
|---|---|---|---|
| 男性 | A 自分の家がいい<br>B（　　　　　　　） | 普段の生活じゃない | （　　　　） |
| 女性 | 狭い | さびしい<br>A（　　　）に行けない<br>B（　　　）に会えない | （　　　　） |

3. もう一度録音を聞いて、次の質問に答えなさい。

(1) 女の人は仮設住宅の狭さについてどのように言っていますか。

(2) 男の人が「普段の生活じゃない」と思ったのはなぜですか。

(3) 男の人と女の人はそれぞれ今後の生活についてどう考えていますか。

4. もしあなたは同じ災害に遭ったとしたら、どうするか、みんなで話し合いましょう。

### 聞き取り6

**1番**

1　今日、台風の情報を見て決める
2　あした、台風の情報を見て決める
3　あさって、警報が出ているかどうかで決める
4　当日、雨の降り方を見て決める

**2番**

1　東京からは飛行機も新幹線もすべて利用できない
2　九州からは飛行機も新幹線もすべて利用できない
3　大阪から東京への新幹線は利用できない
4　九州から東京への飛行機は利用できる

**3番**

| ① | ② | ③ | ④ |

**4番**

| ① | ② | ③ |

**5番**

| ① | ② | ③ |

**6番**

| ① | ② | ③ | ④ |

# 第6课　住宅

（1）本课以住宅信息为主要内容。其中包括日本的集合住宅与独门独户住宅的区别、日英住宅的差异以及日本的住宅与环境气候的关系等各方面的内容。

（2）本课以顺序为听解要点。该类型的题目，一般考察接下来要做什么。听解中需要听懂各项事情，并最终做出正确的判断。

 **聴解ストラテジー**

順番

　これから何をするか、スケジュールがどうなっているか、といったものもよく出題されている。ここでは、それらの聞き取りを練習しよう。

**1. 次の会話を聞いて、正しいものを選びなさい。**

（1）このあとどうする？

① 今いる映画館の前で待つ

② もう一つの映画館で待つ

③ 本屋で待つ

④ 喫茶店で待つ

（2）このあと何をしなければならない？

① 報告書の数字を修正する

② 報告書の電子ファイルを部長に送る

③ メモをシュレッダーにかける

④ 報告書を印刷する

（3）今日のスケジュールはどうなっている？

① 面会→役員会議→昼ご飯→プレゼンテーション

② 役員会議→面会→昼ご飯→プレゼンテーション

③ 役員会議→昼ご飯→プレゼンテーション→面会

④ 面会→昼ご飯→プレゼンテーション→役員会議

**2.** もう一度聞いて、答えを確認しなさい。

**聞き取り 1**

**1.** 会話を聞いて、会話の内容と合うものを選びなさい。

例 （　A　）

　　A　集合　　　　　　　　　　　B　集中

（1）（　　　　　）

　　A　アパート　　　　　　　　　B　一戸建て

（2）（　　　　　）

　　A　芝生　　　　　　　　　　　B　芝居

（3）（　　　　　）

　　A　ローン　　　　　　　　　　B　ろん

（4）（　　　　　）

　　A　データー　　　　　　　　　B　データ

（5）（　　　　　）

　　A　立て替える　　　　　　　　B　建て替える

（6）（　　　　　）

　　A　手入れ　　　　　　　　　　B　定例

**2.** もう一度会話を聞いて、答えを確認しなさい。

### 😄 聞き取り 2

**1. 会話を聞いて、次の表を完成しなさい。**

| | 一軒屋と集合住宅の利用についての考え方や行動の差 | |
|---|---|---|
| 具体例 | (1) _____ | について |
| | (2) _____ | について |
| | (3) _____ | について |

**2. もう一度会話を聞いて、その内容と合うものに〇をつけなさい。**

(1) 集合住宅に住んでいる人は年齢や出身地が違いますが、職業は似ています。

(2) 敷地の利用について、芝生を植えようという人たちと、運動場にしたいという人たちが対立しています。

(3) 共用部分の維持管理について、お金をたくさんかけてきれいに生活したい人もいれば、あまりお金をかけたくない人もいます。

(4) 共用部分の維持管理にお金が出せない人はほとんど老人です。

(5) 住宅の共同部分の利用や管理のルールを決めているのは住宅所有法です。

(6) 一戸建て住宅は土地代の負担が多いです。

(7) 一戸建て住宅は優れた都市的な住宅だと言えます。

**3. もう一度会話を聞いて、次の質問に答えなさい。**

(1) あなたの家は集合住宅ですか。一戸建て住宅ですか。具体的に紹介してください。

(2) あなたにとって、集合住宅と一戸建て住宅とどちらが理想的ですか。その理由は何ですか。

### 😄 聞き取り 3

**1. 男性の話を聞いて、次の表を完成しなさい。**

| | 住宅に関する日本人の意識 | | |
|---|---|---|---|
| (1) | 他人の建てた家を_____住むならともかく、_____まで住もうとしない。 | | |
| (2) | 住宅は_____のため建てられるものであり、_____もその人のために考えられるべきである。 | | |
| (3) | 自分が建てた家は_____ための家である。 | | |

2. もう一度男性の話を聞いて、正しい答えをA、B、C、Dから選びなさい。

(1) 日本、アメリカ、イギリスの住宅の平均寿命はそれぞれ何年ですか。

A 26年、44年、72年

B 26年、44年、75年

C 25年、40年、52年

D 25年、40年、75年

(2) 男性がイギリスへ行く目的は何ですか。

A 観光旅行

B 留学

C 資料収集

D 会議

(3) 男性は十数年来どんな仕事をしてきましたか。

A 日本の住宅の研究

B イギリスの住宅の研究

C アメリカの住宅の研究

D 住宅の寿命の研究

(4) 日本の住宅の平均寿命が分かったイギリス人はどのような反応を示しましたか。

A 疑っていました

B 不満を持っていました

C 喜んでいました

D 驚いていました

3. もう一度男性の話を聞いて、次の質問に答えなさい。

(1) 中国の住宅の平均寿命は何年ぐらいだと思いますか。その理由は何ですか。

(2) 住宅に関する中国人と日本人の考え方の違いについて述べてください。

😊 聞き取り4

**1番**

1 3.5カ月分

2 4カ月分

3 5.5カ月分

4 6カ月分

**2番**

1 ほとんど焼けた

2 倉庫が焼けた

3 窓が焼けた

4 ぜんぜん焼けなかった

**3番**

**4番**

**5番**

**6番**

**質問1**

1 白

2 赤

3 黄色

4 緑

**質問2**

1 白

2 赤

3 黄色

4 緑

### 聞き取り5

1. 女性の話を聞いて、次の表を完成しなさい。

|  | 長所 | 短所 |
|---|---|---|
| 昔の木造家屋 |  |  |
| 現代の家 |  |  |

2. もう一度女性の話を聞いて、正しい答えをA、B、C、Dから選びなさい。

(1) 日本列島の太平洋側は夏から秋にかけてはどんな日が多いですか。

A　雨の日が多い

B　曇りの日が多い

C　晴れの日が多い

D　涼しい日が多い

(2) 日本列島の日本海側は冬はどんな気候ですか。

A　雨の日が多い

B　晴れの日が多い

C　曇りの日が多い

D　雪の日が多い

(3) 昔の木造家屋はどんな家でしたか。

A　春向きの家

B　夏向きの家

C　秋向きの家

D　冬向きの家

(4) 「現代の家は魔法瓶のようなものです」とありますが、どういう意味ですか。

A　現代の家は、魔法をかけられたように変化に富んでいる。

B　現代の家は、暖かくて住みやすい。

C　現代の家は、空気の対流が少なく、風通しが悪い。

D　現代の家は、機械力ばかりに頼っている。

3. もう一度女性の話を聞いて、次の質問に答えなさい。

(1) 安心して住める住宅をつくるためには、どうすればよいですか。


(2) 中国の昔の家と現代の家の違いについて話してください。

### 聞き取り 6

**1番**

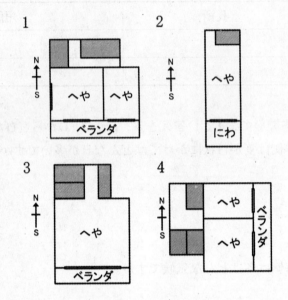

**2番**

1 新しいアパートを建てるから

2 アパートを売ることになったから

3 ほかに住みたいところができたから

4 大家さんを怒らせたから

**3番**

**4番**

**5番**

① ② ③

**6番**

**質問1**

1　2LDK 東京タワーが見える北向き

2　2LDK 日当たりが最高の南向き

3　1LDK 風通しの良い東南角部屋

4　1LDK 電車の音がややうるさい西向き

**質問2**

1　2LDK 東京タワーが見える北向き

2　2LDK 日当たりが最高の南向き

3　1LDK 風通しの良い東南角部屋

4　1LDK 電車の音がややうるさい西向き

# 第7課　ごみ処理とリサイクル

（1）本课以垃圾处理为主要内容。日本的垃圾分类比较繁琐，垃圾分类与环境是本课的主要内容。
（2）本课以原因理由为听解要点。

## 聴解ストラテジー

原因・理由

　日常会話では、どうして・なぜかなどという原因や理由のことがよく聞かれている。ここでは、それらの聞き取りを練習しよう。

1. 次の会話を聞いて、その原因・理由を書き入れなさい。

(1) どうして自転車で来なかったのか

（　　　　　　　　　　　　　　　　　　）

(2) どうして勉強会に参加できないのか

（　　　　　　　　　　　　　　　　　　）

(3) 男の様子がどうして変化したのか

（　　　　　　　　　　　　　　　　　　）

2. もう一度聞いて、答えを確認しなさい。

### 聞き取り 1

1. 会話を聞いて、会話の内容と合うものを選びなさい。

例 （　A　）

　　A　ごみ処理　　　　　　　　　B　ごみ処分

(1) （　　　　　）

　　A　リサイタル　　　　　　　　B　リサイクル

(2) （　　　　　）

　　A　プラスチック　　　　　　　B　プラスティック

(3) （　　　　　）

　　A　輸入　　　　　　　　　　　B　輸出

(4) （　　　　　）

　　A　原価　　　　　　　　　　　B　コスト

(5) （　　　　　）

　　A　紫外線　　　　　　　　　　B　酸性雨

2. もう一度会話を聞いて、答えを確認しなさい。

### 聞き取り 2

1. 会話を聞いて、次の表を完成しなさい。

| 回収されるようになったもの | |
|---|---|
| (1) | ＿＿＿＿＿＿紙 |
| (2) | ＿＿＿＿＿＿箱 |
| (3) | ＿＿＿＿＿＿紙 |
| (4) | ＿＿＿＿＿＿ |
| (5) | スーパーの＿＿＿＿＿＿ |

2. もう一度会話を聞いて、その内容と合うものに○をつけなさい。

(1) 容器包装リサイクル法が制定されたのは97年です。

(2) 容器包装リサイクル法が制定されてから、新聞紙だけでなく、プラスチックも回収
　　されるようになりました。

(3) 新聞紙の回収率は、97年には10%未満でしたが、今はもう50%ぐらいになりました。

(4) 再生品は値段が高く、質が落ちる。

(5) 先進国は、交通が便利で、流通コストが安いから、紙ごみが途上国より安いです。

(6) 回収されたものはみんなリサイクルされています。

(7) 循環型の社会システムを構築するためには、世界を視野に入れなければなりません。

3. もう一度会話を聞いて、次の質問に答えなさい。

(1) 再生品の国際化について、男性はどんな態度を持っていますか。

(2) 循環型の社会システムはどのようなものですか。あなたの考えを述べてください。

### 聞き取り3

1. 短文を聞いて、次の表を完成しなさい。

| ゴミの名前 | ゴミの量 | 必要になる水量 | 勧めの捨て方 |
|---|---|---|---|
| ラーメンの汁 | | | なし |
| | 500ml | | |

2. もう一度短文を聞いて、次の質問に答えなさい。

(1) 日常生活の中で、「私達」が具体的にできることは、三点にまとめてください。

(2) オゾン層を保護するには、何をしなければならないのですか。

(3) 排気ガスを減らすには、何が大事なんですか。

(4) 森林資源や電気を節約するには、私たちのできることは何ですか。

3. もう一度短文を聞いて、答えを確認しなさい。

 聞き取り 4

**1番**

1　月曜日

2　火曜日

3　木曜日

4　金曜日

**2番**

1　飲み物　弁当　帽子

2　帽子　軍手

3　弁当　帽子　軍手

4　飲み物　帽子

**3番**

① ② ③ ④

**4番**

① ② ③

**5番**

① ② ③

**6番**

① ② ③ ④

**聞き取り 5**

1. 男性の話を聞いて、次の表を完成しなさい。

| 焼却ごみ | |
|---|---|
| 04年度 | ＿＿＿＿＿＿トンだった。 |
| 16年度の目標 | ＿＿＿＿＿＿トンだ。 |
| ここ数年 | 毎年＿＿＿＿＿＿トン程度減っていた。あと＿＿＿＿＿＿トン減らせば目標に達するはずだった。 |
| 11年度 | ＿＿＿＿＿＿トン程度しか減らない見通しだ。 |

2. もう一度男性の話を聞いて、その内容と合うものに〇をつけなさい。

(1) 千葉市は、2012年度中に家庭ごみの処理を有料化する方針を決めました。×

(2) ごみの処理を有料化する目的は、焼却ごみを減らすことです。〇

(3) 現在ごみ袋は無料ですが、これから有料になります。×

(4) 三つある清掃工場のうち二つが古くなってきましたが、建て替えるには182億円が必要です。×

(5) 買い物でのマイバック持参、生ごみの資源化、リサイクル推進などを呼びかけるだけでは、焼却ごみの削減余地がなくなってきました。〇

(6) 会議中、ごみ処理の有料化に反対する人はいませんでした。〇

(7) 大型の40リットル袋は40円になります。×

3. もう一度男性の話を聞いて、次の質問に答えなさい。

(1) あなたは、家庭ごみの処理の有料化に賛成ですか。反対ですか。その理由は何ですか。

(2) 中国では、日本のような専用のごみ袋を売っていませんが、それが必要だと思いますか。

**聞き取り6**

**1番**

**2番**

1　授業に遅刻しそうになったから
2　荷物の整理に使うから
3　服をたくさん買ったから
4　あとで買い物をするから

**3番**

① ② ③ ④

**4番**

① ② ③

**5番**

① ② ③

**6番**

① ② ③ ④

# 第8课 電車内のマナー

 **聴解ストラテジー**

文句・不満

　日常生活では、間違ったり、愚痴をこぼしたりする場合がよくある。ここでは、どんな間違い・文句の聞き取りを練習しよう。

1. 次の会話を聞いて、どんな間違いか、正しいものを選びなさい。
(1) ①人を間違えたこと 　　②電車 　　　③飛行機のチケットの予約
(2) ①人を間違えたこと 　　②電車 　　　③飛行機のチケットの予約
(3) ①人を間違えたこと 　　②電車 　　　③飛行機のチケットの予約

2. 次の会話を聞いて、誰・どんな聞き手に対する文句か、正しいものを選びなさい。
(1) ①洋服屋 　　②隣人 　　③レストラン
(2) ①洋服屋 　　②隣人 　　③レストラン
(3) ①洋服屋 　　②隣人 　　③レストラン

3. もう一度聞いて、答えを確認しなさい。

## 😄 聞き取り 1

1. 会話を聞いて、会話の内容と合うものを選びなさい。

例 （　A　）

    A　マナー　　　　　B　マニア

(1) （　　　　　）

    A　障害　　　　　B　障碍

(2) （　　　　　）

    A　懐妊　　　　　B　妊娠

(3) （　　　　　）

    A　仮装　　　　　B　化粧

(4) （　　　　　）

    A　座席　　　　　B　座布団

(5) （　　　　　）

    A　公共　　　　　B　公衆

2. もう一度会話を聞いて、答えを確認しなさい。

## 😄 聞き取り 2

1. 会話を聞いて、次の表を完成しなさい。

| 「傍若無人」のふるまい | |
|---|---|
| (1) | 電車の中で＿＿＿＿＿＿で話すこと。 |
| (2) | ＿＿＿＿＿＿席のそばで＿＿＿＿＿のやりとりをすること。 |
| (3) | 電車の中で＿＿＿＿＿＿をすること。 |

2. もう一度会話を聞いて、その内容と合うものに〇をつけなさい。

(1) 日本では、バスの中で携帯電話で話してもいいです。

(2) 優先席とは、身体障害者と妊娠中の女性に譲るべき席です。

(3) 電車の優先席付近では携帯電話の電源を切らなければなりません。

(4) 日本全国で30万人がペースメーカーを利用しています。

(5) ペースメーカーは心臓病を治す医療機器です。

(6) 携帯電話が発する電波は、心臓ペースメーカーに強い影響を与えます。

(7) 病院の中では、携帯電話の電源を切ったほうがいいです。

3. もう一度会話を聞いて、次の質問に答えなさい。

(1) 中国人は電車の中で席を譲りますか。日本人は席を譲ると思いますか。

(2) あなたは電車の中でよく携帯電話を利用しますか。それは正しいと思いますか。その理由は何ですか。

## 聞き取り 3

1. 男性の話を聞いて、次の表を完成しなさい。

| 東京の人 | 大阪の人 |
|---|---|
| みんな_____座っている。<br>_____をつめ、隣と_____を寄せ合う。 | みんな_____座っている。<br>姿勢も_____。<br>男性は_____を開いている。<br>女性は荷物を_____に置いている。 |

2. もう一度男性の話を聞いて、正しい答えをA、B、C、Dから選びなさい。

(1) 大阪の人の電車の乗り方が気になり始めたのはいつですか。

A 去年の春

B 去年の秋

C 今年の春

D 今年の秋

(2) 電車では、人々はたいていどこから着席するのですか。

A 端っこ

B 真ん中

C 左側

D 右側

(3) 市営地下鉄の担当者の話では、電車の乗り方の問題は何と関係があるのですか。

A 大阪地下鉄の作り方

B 大阪地下鉄の雰囲気

C 大阪地下鉄の空席

D　大阪地下鉄の歴史

(4) 作者は「定員着席」に対してどういう態度をもっていますか。

A　賛成しています

B　反対しています

C　どうでもいいと思っています

D　大阪市交通局の問題だと思っています

3. もう一度男性の話を聞いて、次の質問に答えなさい。

(1) 電車の乗り方のほかに、東京の人と大阪の人とどういう違いがありますか。

(2) 中国人の電車の乗り方についてどう思いますか。マナー違反の行為がありますか。

 聞き取り 4

**1番**

1　タクシー

2　電車

3　地下鉄

4　歩いて

**2番**

1　2番線の電車が早く発車するから

2　2番線の電車なら座れるから

3　3番線の電車では待ち合わせに遅れるから

4　3番線の電車が込むから

**3番**

① ② ③ ④

**4番**

① ② ③

**5番**

① ② ③

**6番**

① ② ③ ④

**聞き取り 5**

1. 女性の話を聞いて、次の表を完成しなさい。

| ICD 患者手帳の注意書き | | |
|---|---|---|
| (1) | 携帯電話はペースメーカーから＿＿＿＿＿以上離し、＿＿＿＿＿で使用しないこと。 | |
| (2) | 電子レンジから＿＿＿＿＿以上離れること。 | |
| (3) | 航空機搭乗時には＿＿＿＿＿＿＿＿＿＿＿＿＿＿＿＿＿を通過しないこと。 | |

2. もう一度女性の話を聞いて、その内容と合うものに〇をつけなさい。

(1) 女性はICDを右胸に植え込んでいます。

(2) 女性は毎日地下鉄で通勤しています。

(3) 女性は去年、携帯電話が原因でICDの誤作動を経験しました。

(4) 女性は、乗客の不注意だけでなく、鉄道会社の説明不足にも不満を持っています。

(5) 心臓病患者にとって、携帯電話で話すほうがメールのやりとりより危険性が高いです。

(6) 日本には女性専用車両がありますが、障碍者専用車両はありません。

(7) マタニティーマークとは、老人に席を譲るよう乗客に呼びかけるマークです。

3. もう一度女性の話を聞いて、次の質問に答えなさい。

(1) 最近、一部の飛行機ではパソコンが使えるようになりました。それについてあなたの考えを述べてください。

(2) 中国では女性専用車両が必要だと思いますか。その理由は何ですか。

## 聞き取り6

**1番**

1　ホームの階段を下りて8番線で待つ

2　ホームの階段を下りて右側の改札口を通る

3　ホームの階段を上がって8番線で待つ

4　ホームの階段を上がって1番線で待つ

**2番**

1　財布を拾ってもらったから

2　かわいい女の子と食事ができるから

3　嫌いな授業が休みになったから

4　彼女ができたから

**3番**

| ① | ② | ③ | ④ |

**4番**

| ① | ② | ③ |

**5番**

| ① | ② | ③ |

**6番**

**質問1**

1　長原公園

2　清山大学前

3　山城町

4　泉田

**質問2**

1　長原公園

2　清山大学前

3　山城町

4　中央センター

# 第9课　食生活と健康

 **聴解ストラテジー**

主張・考え方・気持ち

　会話にはいろいろな情報が出てくるが、話し手が本当にいいたいこと、主張したいことは何か、それらを聞き取る練習をしよう。

1. 次の会話を聞いて、どんな気持ちか、どんな主張かなどに焦点を当てながら書き入れなさい。

（1）どんな気持ち（　　　）

（2）どんな考え方（　　　）

（3）どんな主張　（　　　）

2. もう一度聞いて、答えを確認しなさい。

 **聞き取り 1**

1. 会話を聞いて、会話の内容と合うものを選びなさい。

例（　**A**　）

　　**A** ピーク　　　　　**B** フィーク

(1) (　　　　)

    A　おつまみ　　　　B　おかず

(2) (　　　　)

    A　食糧危機　　　　B　食糧自給率

(3) (　　　　)

    A　作物　　　　　　B　穀物

(4) (　　　　)

    A　栽培　　　　　　B　肥料

2. もう一度会話を聞いて、答えを確認しなさい。

### 聞き取り 2

1. 会話を聞いて、おすし屋さんについてどんなことがわかるか、次の表を完成しなさい。

    場　　　所：(　　　　　　)

    お 客 さん：(　　　　　　)が多い

    混む時間帯 ：第一回目のピーク：(　　　)時～(　　　)時

               第二回目のピーク：(　　　)時～(　　　)時

    ランチタイム：(　　　)時～(　　　)時

2. もう一度会話を聞いて、会話の内容と合うものに〇をつけなさい。

(1) 昼間の客は夜ほど多くないです。

(2) 昼の客は食事の好き嫌いが多いです。

(3) このすし屋は安くてサービスもいいから、サラリーマンの客が多いです。

(4) 夜の客は飲みながら食べる人が多いです。

3. もう一度会話を聞いて、次の質問に答えなさい。

(1) 昼の客が求めるのは何ですか。

(2) このおすし屋さんは一日中店を開けていますか。

(3) なぜ「牛丼屋じゃないんですけどね」と言ったのですか。

(4) 「小腹をためる」というのはどういうことですか。

4. あなたはすし屋へ行ったことがありますか。みんなで話し合いましょう。

## 聞き取り 3

1. 次の文章を聞いて、短文に出てきた食糧をあげなさい。

2. もう一度文章を聞いて、次の質問に答えなさい。

(1) 天ぷらそばの材料は国産ですか、輸入品ですか。詳しく説明してください。

(2) 日本人はなぜこんなにたくさんの食糧を輸入するようになったのですか。

3. もう一度短文を聞いて、答えを確認しなさい。

## 聞き取り 4

**1番**

ア　ジャガイモの皮をむく

イ　ジャガイモをつぶす

ウ　ジャガイモをゆでる

エ　肉でジャガイモを巻く

オ　肉に塩・胡椒を振る

1　ア→ウ→イ→エ→オ

2　ア→ウ→イ→オ→エ

3　ウ→ア→イ→エ→オ

4　ウ→ア→イ→オ→エ

**2番**

1　男の人がハンバーグを食べたくないと言ったから

2　男の人が女の人と一緒にご飯を食べる約束を破ったから

3　男の人が課長の誘いを断らなかったから

4　男の人が食事をして帰ると連絡しなかったから

**3番**

① ② ③ ④

**4番**

① ② ③

**5番**

① ② ③

**6番**

① ② ③ ④

### 聞き取り5

**1. 短文を聞いて、短文にない日本食を選びなさい。**

①すし　　　　②天ぷら　　　③刺身　　　　④ラーメン　　　⑤うどん

⑥ざるそば　　⑦海鮮料理　　⑧懐石料理　　⑨しゃぶしゃぶ　⑩すきやき

⑪カレー　　　⑫おでん　　　⑬牛丼　　　　⑭豚カツ　　　　⑮カツ丼

⑯お好み焼き　⑰焼き鳥　　　⑱焼肉　　　　⑲から揚げ　　　⑳たこ焼き

**2. もう一度短文を聞いて、短文の内容と合うものに〇をつけなさい。**

(1) ある会社は日本の一般国民に日本の食について聞き取り調査をしました。

(2) これまで長い間、来日買い物のトップは家電製品や土産品でした。

(3) 調査では「日本に来る前に日本食が楽しみだった」と答えた人は6割近くです。

(4) 刺身は世界に通用する日本の味覚と言ってもいいです。

**3. もう一度短文を聞いて、次の質問に答えなさい。**

(1) 各国では日常的にも日本食と接することができたのはなぜですか。

(2) 日本食は何と呼ばれていますか。それはなぜですか。

（3）メニューの人気上位はどうですか。

（4）国・地域の順位はどうですか。

### 聞き取り6

**1番**

1　ア　イ　エ　カ
2　ア　イ　ウ　エ
3　ア　エ　カ　キ
4　ア　ウ　エ　カ

**2番**

1　幼稚園の弁当の日だから
2　奥さんが作ってくれたから
3　外で食べるより健康にいいから
4　子供が作ってくれたから

**3番**

① ② ③ ④

**4番**

①　②　③

**5番**

①　②　③

**6番**

①　②　③　④

# 第10课　ファッション

 聴解ストラテジー

推測（1）：数字

　日常会話では、数字に関わるものがよく出てくる。ここでは数字の聞き取りを練習しよう。

1. 次の会話は、いくらか・何人か・何冊か、計算しなさい。

（1）いくら（　　　　　）

（2）何人　（　　　　　）

（3）何冊　（　　　　　）

2. もう一度聞いて、答えを確認しなさい。

 聞き取り1

1. 会話を聞いて、会話の内容と合うものを選びなさい。

例　（　A　）

　　A　スニーカー　　　B　ビーチサンダル

(1)（　　　）

　　A　リネン　　　　　B　コットン

(2)（　　　）

　　A　システム　　　　Bアイテム

(3)（　　　）

　　A　別注　　　　　　B　発注

2. もう一度会話を聞いて、答えを確認しなさい。

聞き取り 2

1. 会話を聞いて、次の表を完成しなさい。選択肢が複数ある場合、正しいものを選びなさい。

|  | 流行の敏感度 | 自分のこだわり |  |
|---|---|---|---|
| 女性 | A 詳しい<br>B 疎い | Aブーツ<br>Bスニーカー | （　　　　　）県ならではの流行 |
| 男性 | A 詳しい<br>B 疎い | （　　　　　）や流行に関係なく、自分に似合うもの |  |

2. もう一度会話を聞いて、会話の内容と合うものに○をつけなさい。

(1) 女の人は独身時代の給料はほとんど洋服代に使ってしまいました。

(2) 男の人は昔、流行に疎かったですが、今はブランド名などを知るようになりました。

(3) 男の人はおしゃれな人が多くて、特に年配の男性のほうだと言っています。

(4) 女の人のご主人はしゃれ好きで、毎年同じデザインで色違いの服を何枚も買います。

3. もう一度会話を聞いて、次の質問に答えなさい。

(1)「タオラー」はどんな意味ですか。

(2) 熊本ならではの流行の例を挙げてみてください。

(3) それは県民のどんな特徴を現しますか。

(4) 二人は男性の服について、同じ意見を持っていますか。どんな意見ですか。

4. みなさんも自分なりのおしゃれがあるんですね。みんなで話し合いましょう。

**😆 聞き取り 3**

1. 短文を聞いて、短文にあるサイトを選びなさい。

A ヤフー     B アマゾン    C 楽天      D ジャバリ

2. 短文を聞いて、短文の内容と合うものを選びなさい。

(1) (    )を使って、服や靴を買う人が増えるとともに、ファッションの
(   )も様々に進化しています。

A 専門サイト   B 通販サイト    C インタネット   D コンピューター

(2) インターネット(  )最大手の(   )運営する(   )は、ファッ
ション(   )です

A ジャバリ    B アマゾン     C 楽天

D 通販      E 通販サイト    F 専門サイト

(3) サイトは靴やバッグの(   )、色柄、(   )、(   )など、様々な条件で
商品を検索する(    )機能を充実しています。

A ブランド    B 価格     C 原産地   D サイズ

E 生地     F 絞り込み    G 拡げる

3. もう一度短文を聞いて、次の質問に答えなさい。

(1) 「別注アイテム」はどういうことです。

(2) アマゾンの哲学は何ですか。

(3) ジャバリはどんな返品制度を実施していますか。

(4) 買い物の新しい楽しみ方を説明しなさい。

4. みなさんはインターネット通販サイトを利用したことがありますか。みんなで話し合
いましょう。

## 聞き取り 4

**1番**

1　紹介した友達が「体験」に出ること

2　紹介した友達と一緒に来ること

3　紹介した友達が入会すること

4　紹介した友達が身分証明書を見せること

**2番**

1　洗剤が溶けにくくなるから

2　洗濯機にカビが生えるから

3　服が傷みやすくなるから

4　服に汚れがたまるから

**3番**

| ① | ② | ③ | ④ |
| --- | --- | --- | --- |

**4番**

| ① | ② | ③ |
| --- | --- | --- |

**5番**

| ① | ② | ③ |
| --- | --- | --- |

**6番**

| ① | ② | ③ | ④ |
| --- | --- | --- | --- |

## 聞き取り 5

1. 短文を聞いて、短文①と②のそれぞれの内容と合うものを選びなさい。

①(　　　　　)　　②(　　　　　　)

A　若者　　　　B　高齢者

2. もう一度短文を聞いて、短文の内容と合うものに〇をつけなさい。

(1) 女の子たちの間ではおしゃれへの関心を持つ年ごろが年々早くなってきています。

(2) 短文①の「私」はまだ小学生です。

(3) お金がない子供たちが親や親戚にねだってブランド物を買ってもらっています。

(4) 町を歩いていると、Tシャツ・ジーパン姿、明るい服装のお年寄りをよく見かけます。

(5) 明るい服装は目立つように効果があります。

3. もう一度短文を聞いて、次の質問に答えなさい。

(1) 「おませ」な子はどんな人たちですか。

(2) 「おませ」な子が増えている背景は何ですか。

(3) 短文②の「私」は普段どのようにおしゃれには気を使っていますか。

4. もう一度短文を聞いて、短文に合うテーマを選びなさい。

①(　　　　　)　　②(　　　　　)

A　幾つになってもおしゃれ忘れず　　　　B　おしゃれにも年相応

### 🙂 聞き取り 6

**1番**

1　縞模様

2　花柄模様

3　水玉模様

4　無地

**2番**

1　テレビ局は、オリジナルの作品を作るべきだ

2　新しく始まるドラマの数が多すぎる

3　同じような内容のドラマが多くてつまらない

4　ドラマにするとき、原作を変えてはいけない

**3番**

①　②　③　④

**4番**

① ② ③

**5番**

① ② ③

**6番**

① ② ③ ④

# 第11课　アニメ・漫画の国

 **聴解ストラテジー**

推測（2）：場所

　案内・アナウンスといったものは日常会話よりやや難しいように思われる。細かいことは、聞き取れなくてもかまわないが、まずどこの案内かに注目して、聞き取りの練習をしよう。

1. 次の案内は、どの交通機関で聞かれるものか、正しいものを選びなさい。

（1）①飛行機の中　　　②駅　　　③バス　　　④空港
（2）①飛行機の中　　　②駅　　　③バス　　　④空港
（3）①飛行機の中　　　②駅　　　③バス　　　④空港

2. もう一度聞いて、答えを確認しなさい。

🎧 **聞き取り 1**

1. 会話を聞いて、会話の内容と合うものを選びなさい。

例（　A　）

　　A　気味　　　　　B　君

(1) (　　　　　)
　　A　患者　　　　　B　児童科
(2) (　　　　　)
　　A　難問　　　　　B　斜め
(3) (　　　　　)
　　A　通勤バス　　　B　通勤電車
(4) (　　　　　)
　　A　映像　　　　　B　画像
(5) (　　　　　)
　　A　ストーリー　　B　ストリート

2. もう一度会話を聞いて、答えを確認しなさい。

🙂 聞き取り 2

1. 会話を聞いて、次の表を完成しなさい。

| 小川さんに送られているもの | |
|---|---|
| (1) | ＿＿＿＿＿＿＿＿＿＿ |
| (2) | お金：毎月＿＿＿＿＿＿＿＿＿円ずつ、今月で＿＿＿＿＿＿＿＿＿円になった。 |

2. もう一度会話を聞いて、正しい答えをA、B、C、Dから選びなさい。

(1) 小川さんに変なものが送られるのは、いつからですか。
A　1年ほど前から
B　2年ほど前から
C　3年ほど前から
D　4年ほど前から
(2) 小川さんの息子さんは何歳ですか。
A　3歳
B　4歳
C　5歳
D　6歳

（3）小川さんはいまどんな気持ちですか。

A　怒っている

B　困っている

C　喜んでいる

D　心配している

（4）コナン君が小川さんを外科医と判断した理由は何ですか。

A　小川さんの人差し指が斜めになっているから

B　小川さんの人差し指に斜めに跡が残っているから

C　小川さんの人差し指が他の人より細長いから

D　小川さんの人差し指が力強いから

3. もう一度会話を聞いて、次の質問に答えなさい。

（1）小川さんのことを詳しく紹介してください。

（2）物語の続きを想像し、話してください。

## 😑 聞き取り 3

1. 男性の話を聞いて、次の表を完成しなさい。

| 日本人が通勤電車で漫画を読む理由 | |
|---|---|
| （1） | 日本人は＿＿＿＿＿＿＿＿通勤をする |
| （2） | 漫画は新聞や小説などの＿＿＿＿＿＿＿＿と違って、＿＿＿＿＿＿＿＿読むことができる |
| （3） | 漫画は＿＿＿＿＿＿＿＿＿＿＿＿を癒すことができる |

2. もう一度男性の話を聞いて、その内容と合うものに〇をつけなさい。

（1）日本では、子供だけでなく、サラリーマンもよく漫画を読みます。

（2）世界では、一般的にマンガは子供向けのものだと思われています。

（3）日本のマンガは海外ではあまり売れていません。

（4）映画化、ドラマ化される日本の漫画は少なくありません。

（5）日本では、混雑する車内でマンガや新聞を読むことはよいことだと認められています。

（6）日本人の頭には、活字よりマンガのほうが向いています。

（7）日本人にとって漫画はなくてはならないものだと男性が言っています。

3. もう一度男性の話を聞いて、次の質問に答えなさい。

(1) あなたは日本の漫画を読んだことがありますか。その漫画の内容を紹介してください。

(2) 日本の漫画の優れたところをまとめてください。

### 聞き取り 4

**1番**

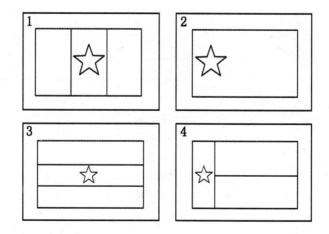

**2番**

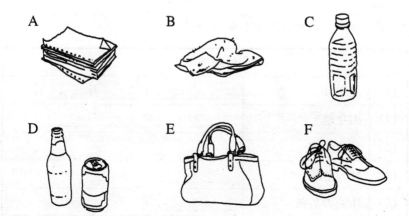

1　A　B　E

2　A　E　F

3　B　C　D

4　B　E　F

**3番**

| ① | ② | ③ | ④ |

**4番**

| ① | ② | ③ |

**5番**

| ① | ② | ③ |

**6番**

**質問1**

1 海　　　　2 花　　　　3 風　　　　4 愛

**質問2**

1 海　　　　2 花　　　　3 風　　　　4 愛

---

😀 **聞き取り 5**

1. 女性の話を聞いて、次の表を完成しなさい。

| 鉄腕アトム | |
|---|---|
| (1) | 誕生日 | ＿＿＿＿＿＿年＿＿＿月＿＿＿日 |
| (2) | 出身地 | ＿＿＿＿＿＿の＿＿＿＿＿＿ |
| (3) | 兄の名前 | ＿＿＿＿＿＿ |
| (4) | 妹の名前 | ＿＿＿＿＿＿ |
| (5) | 作者の名前 | ＿＿＿＿＿＿ |

2. もう一度女性の話を聞いて、正しい答えをＡ、Ｂ、Ｃ、Ｄから選びなさい。

(1) 宝塚市立手塚治虫記念館はどこにありますか。

A　東京都

B　京都府

C　大阪府

D　兵庫県

(2)「鉄腕アトム」はいつから批判を受けるようになったのですか。

A　原発事故直後

B　地震発生直後

C　殺人事件直後

D　誕生日祝い直後

(3) 作者の長女によると、作者がアトムを描いたのは何を語るためですか。

A　原発のこわさ

B　科学のすばらしさ

C　科学と向き合うことの難しさ

D　人間の無力さ

(4) 一番先にアトム批判に反対の声をあげたのはだれですか。

A　作者の遺族

B　読者

C　政府

D　専門家

3. もう一度女性の話を聞いて、次の質問に答えなさい。

(1) あなたは「鉄腕アトム」を知っていますか。どのようなキャラクターか紹介してください。

(2) あなたは原発をどう見ていますか。その理由は何ですか。

**聞き取り6**

**1番**

1　男の人が曲を聞きながら寝てしまったから

2　男の人がこの曲のよさをわかってくれなかったから

3　男の人にこの曲をもっとよく聞いてほしかったから

4　男の人にこの曲の感想をもっといい表現で言ってほしかったから

**2番**

1　サングラスをかけているから

2　あごが曲がっているから

3　鼻が大きいから

4　あごにほくろがないから

**3番**

| ① | ② | ③ | ④ |
|---|---|---|---|

**4番**

| ① | ② | ③ |
|---|---|---|

**5番**

| ① | ② | ③ |
|---|---|---|

**6番**

**質問1**

1　サッカー

2　野球

3　ジョギング

4　テニス

**質問2**

1　ジョギング

2　テニス

3　ウォーキング

4　サイクリング

# 第12课　　環境問題

**学习目标**

（1）本课以环境问题为主要内容。其中包括日本几个市的保护环境的措施、温室效应等广受关注的问题。

（2）本课以预测话题的展开为听解要点。根据会话中的某些词汇、语气推测表达的意图。

 **聴解ストラテジー**

予測：話の展開

　私たちはふだん話を聞いているとき、無意識に話の続きを予測しているものです。ここでは、呼応の表現、声の調子、前半の内容などによって、話の展開を予測しながら聞きましょう。

**1.** 次の会話を聞いて、話の展開を予測しなさい。

(1) _____

(2) （　　　　）

(3) （　　　　）

(4) （　　　　）

**2.** もう一度聞いて、答えを確認しなさい。

 **聞き取り 1**

**1.** 会話を聞いて、会話の内容と合うものを選びなさい。

例　（　A　）

　A　課題　　　　　　　　　　B　問題

(1) (　　　　　)

    A　取り組む　　　　　　　B　取り込む

(2) (　　　　　)

    A　温暖化　　　　　　　　B　温室化

(3) (　　　　　)

    A　ホットアイランド　　　B　ヒートアイランド

(4) (　　　　　)

    A　従来　　　　　　　　　B　従前

(5) (　　　　　)

    A　ジョギング　　　　　　B　ショッキング

2. もう一度会話を聞いて、答えを確認しなさい。

### 😄 聞き取り 2

1. 会話を聞いて、次の表を完成しなさい。

| 都市におけるエコ対策 | |
|---|---|
| 大阪市 | ＿＿＿＿＿＿＿先進都市大阪の実現<br>1. 地球＿＿＿＿＿＿対策<br>2. ＿＿＿＿＿＿＿＿＿＿対策<br>3. ＿＿＿＿減量と＿＿＿＿＿＿＿の推進 |
| 鹿児島市 | ＿＿＿＿＿＿あふれる＿＿＿＿に優しい＿＿＿＿リーディングシティ鹿児島の実現」 |
| 相模原市 | 従来の＿＿＿＿＿的な土地利用から、＿＿＿＿＿的な土地利用を合わせ持つ都市への変貌<br>1. ＿＿＿＿＿＿社会の構築<br>2. ＿＿＿＿＿＿社会の構築<br>3. ＿＿＿＿＿＿社会の構築 |

2. もう一度会話を聞いて、その内容と合うものに〇をつけなさい。

(1) 座談会の司会者は関口さんです。

(2) 大阪市では、市民や事業者が太陽光発電を設置する場合、発電力の1キロワット当たり1万円を補助しています。

70

(3) 大阪市は平成26年度までに市域のごみを110万トンとすることを目指しています。

(4) 鹿児島市は、日本の南端に位置しています。

(5) 鹿児島は、市民、事業者、行政の環境保全意識を重視しています。

(6) 相模原市は、横浜市や川崎市より人口が多いです。

(7) 相模原市は内陸工業都市です。

3. もう一度会話を聞いて、次の質問に答えなさい。

(1) 各都市のエコ対策とその都市の地理的条件とどのような関係がありますか。

(2) 上海では、どのようなエコ対策を実施すべきだと思いますか。その理由は何ですか。

### 🙂 聞き取り 3

1. 男性の話を聞いて、次の表を完成しなさい。

| WWFの指標 |
| --- |
| 　ある国の人間が＿＿＿＿＿＿のに必要な＿＿＿＿＿＿を生み出す＿＿＿＿＿＿、生活に伴い排出される＿＿＿＿＿＿を吸収する＿＿＿＿＿＿＿などを合計した面積で示す。 |

2. もう一度男性の話を聞いて、正しい答えをＡ、Ｂ、Ｃ、Ｄから選びなさい。

(1) 世界の人々が日本人と同じようなぜいたくな暮らしをすれば、地球が何個必要になりますか。

A　2・3個

B　3・4個

C　4・5個

D　5・6個

(2) WWFの指標によると、世界平均1人当たりの面積はどれぐらいですか。

A　1.7ヘクタールぐらい

B　2.7ヘクタールぐらい

C　3.7ヘクタールぐらい

D　4.7ヘクタールぐらい

(3) 日本で食べられないまま廃棄される食料は年間どれぐらいですか。

A　1360万トン

B　1380万トン

C　1460万トン

D　1480万トン

(4) 日本では二酸化炭素の排出量が高いため、何が期待されていますか。

A　工場の管理

B　自家用車の削減

C　食料の輸入

D　森林の吸収量

3. もう一度男性の話を聞いて、次の質問に答えなさい。

(1)「過剰な消費」とはどういうことですか。具体的に説明してください。

(2) 地球への負荷を減らすために、どうすればいいのですか。

## 聞き取り4

**1番**

1　東京の有名なところ

2　東京の古くて大きな公園

3　東京の古い家がたくさんある公園

4　東京の普通の家

**2番**

1　食糧を作るには大量の水が必要なこと

2　日本の食糧自給率が低いこと

3　世界の水不足が深刻なこと

4　食糧の輸入と世界の水不足には関係があること

**3番**

①　②　③　④

**4番**

① 　② 　③

**5番**

① 　② 　③

**6番**

① 　② 　③ 　④

😄 **聞き取り 5**

1. 女性の話を聞いて、次の表を完成しなさい。

| 地球温暖化の原因 | | |
|---|---|---|
| 選択肢 | | 調査の結果 |
| (1) | フロンガスで＿＿＿＿＿＿がこわれるため | ＿＿＿＿％ |
| (2) | 空気中の＿＿＿＿＿＿＿が増えるため | ＿＿＿＿％ |
| (3) | 人間が＿＿＿＿＿を使って＿＿＿＿＿を出すため | ＿＿＿＿％ |
| (4) | ＿＿＿＿＿との距離が近くなっているため | ＿＿＿＿％ |
| (5) | ＿＿＿＿＿からの光が強くなってきているため | ＿＿＿＿％ |
| (6) | その他 | ＿＿＿＿％ |

2. もう一度女性の話を聞いて、正しい答えをＡ、Ｂ、Ｃ、Ｄから選びなさい。

(1) 調査対象はどんな人たちですか。

A　5校の高校生1864人

B　6校の高校生1864人

C　5校の高校生1164人

D　6校の高校生1164人

(2) 地球温暖化の主な原因は何ですか。

A　二酸化炭素の増加

B　空気の汚染

C 自然の破壊

D 紫外線の増加

(3) 紫外線の増加は何に有害ですか。

A 水質

B 空気

C 人間

D 車

(4) 間違いに陥りやすいのはどんな生徒ですか。

A 博識な生徒

B まじめな生徒

C 活発な生徒

D 普通の生徒


3. もう一度女性の話を聞いて、次の質問に答えなさい。

(1) 女性の話によると、地球温暖化の対策に取り組むためには、まず何をすべきですか。

(2) オゾン層の破壊と地球温暖化とはどういう関係ですか。


**聞き取り6**

**1番**

1 生ゴミ、プラスチック製品

2 ビニール、ペットボトル

3 ビニール、空き缶

4 生ゴミ、空き缶


**2番**

① ② ③ ④


**3番**

① ② ③ ④

**4番**

① ② ③

**5番**

① ② ③

**6番**

**質問1**

1 道路

2 空港

3 病院

4 アンケート

**質問2**

1 仕事を増やすこと

2 アンケートを行うこと

3 道路を広くすること

4 生活をよくすること

# 第13課　異文化体験

> **学习目标**
> (1) 本课以体验不同文化为主要内容。其中包括国外的短期留学体验、日本人海外留学的情况等。
> (2) 本课以采访为听解要点。

## 聴解ストラテジー

要点（1）：インタビュー

　男の人と女の人に街頭でインタビューをしています。男の人と女の人は夫婦ですか、恋人ですか。

(1) (　　　　)

(2) (　　　　)

 聞き取り1

1. 会話を聞いて、会話の内容と合うものを選びなさい。

例 （ **A** ）

　　A　横断旅行　　　　　　B　縦断旅行

(1) (　　　　)

　　A　ホストファミリー　　B　ホームステイ

(2) (　　　　)

　　A　路線図　　　　　　　B　時刻表

(3) (　　　　)

　　A　伸び縮む　　　　　　B　伸び悩む

2. もう一度会話を聞いて、答えを確認しなさい。

😊 聞き取り 2

1. 会話を聞いて、次の表を完成しなさい。

| 短期留学 | 年齢 | 滞在期間 | 国 |
|---|---|---|---|
| 男性 | 中学（　　　）年生 | （　　　　　） | （　　　　　） |
| 女性 | （　　　　　） | （　　　　　） | （　　　　　） |

2. もう一度会話を聞いて、会話の内容と合うものに〇をつけなさい。

(1) 男の人はホームステイをしましたが、女の人はホテルに泊まったので、その経験がなかったです。

(2) 男の人はまだ英語がほとんどしゃれなかったころ短期留学をしたので、コミュニケーショに苦労した。

(3) 女の人は、コミュニケーションにも生活にも何の苦労もなかったです。

(4) アメリカでは夜の街を女性が一人で歩けるというのはごく当たり前のことです。

(5) 短期留学はその国のことだけでなく、日本についても改めて知る機会です。

3. もう一度会話を聞いて、次の質問に答えなさい。

(1) イギリスと日本との食文化の違いについて、会話にある例で説明しなさい。

(2) 日常生活の違いについて、会話にある例で説明しなさい

(3) 公共交通機関の違いについて、会話にある例で説明しなさい

4. みなさんは海外へ行ったことがありますか。みんなで話し合いましょう。

😊 聞き取り 3

1. 短文を聞いて、短文の内容と合う内容を選びなさい。

A　なぜ日本の高校海外留学者が減っているのか。

B　なぜ日本の大学海外留学者が減っているのか。

C　日本への留学者の拡大のためには何が必要か。

D　海外への留学者の拡大のためには何が必要か。

2. もう一度短文を聞いて、短文の内容と合うものに〇をつけなさい。

(1) アジア各国で欧米への留学者が増ていますが、日本だけが減っています。

(2) 人口の減少は、韓国やホンコンなどが日本ほど深刻ではありません。

(3) 日本国内の生活は海外より居心地が良くて、海外へ出て学ぼうと思えません。

(4) 今はもう海外への留学や修学旅行も珍しくない時代ですから、行かなくてもいいと
言われています。

(5) 留学者減少には複数の要因が考えられます。

3. もう一度短文を聞いて、次の質問に答えなさい。

(1) 人口は留学者減少にどのように影響しますか。

(2) 就職活動は留学にどのように影響しますか。

(3) 学生の意識はどのように変化していますか。

(4) 海外留学の拡大のためには何が必要か述べなさい。

4. みなさんも留学を考えたことがありますか。みんなで話し合いましょう。

聞き取り 4

**1番**

1 図書館へ行く

2 食堂へ行く

3 吉田先生の研究室へ行く

4 事務室へ行く

**2番**

1 器用だから

2 頼りになるから

3 無口だから

4 リーダーシップがあるから

**3番**

①　②　③　④

**4番**

①　②　③

**5番**

①　②　③

**6番**

**質問1**

1　205室　　2　206室　　3　207室　　4　208室

**質問2**

1　205室　　2　206室　　3　207室　　4　208室

😄 **聞き取り 5**

**1. 会話を聞いて、会話の内容と合うものを選びなさい。**

女の子(　　　　)　　男の子(　　　　)

A　寮生活　　　　　B　一人暮らし

**2. もう一度会話を聞いて、会話の内容と合うものに〇をつけなさい。**

(1) 学生寮は食事付きで家賃も安いから、競争率が高くては入れない人も多いです。

(2) 女の子の寮は門限が早すぎて、デートなんかもまったくできません。

(3) 女の子の寮は九州の各県の人が集まってるから、言葉も同じだし、文化も生活習慣も似ているし、不便なところがなくておもしろいです。

(4) 寮にはいろんな人がいて、まさに社会の縮図といってもいいです。

(5) 寮は友達もたくさんできるし、みんな情報通だから、男の人はうらやましく思っています。

**3. もう一度会話を聞いて、次の質問に答えなさい。**

(1) 女の人は「寮は規律正しい」と言っていますが、具体的にどんなことですか。

（2）先輩から受け継がれてきた伝統技は何ですか。

（3）男の人が友達から聞いた集団生活のトラブルは何ですか。

（4）女の子はなぜ「ショックだった」と言ったのですか。

4. みなさんの寮生活はどうですか。みんなで話し合いましょう。

😊 聞き取り 6

**1番**

1　申込用紙に記入する
2　会計課で300円支払う
3　ここで300円支払う
4　領収書と申込用紙をもらう

**2番**

1　「これ」「それ」が多すぎる点
2　一つの文が長すぎる点
3　一つの文が短すぎる点
4　漢語が少なすぎる点

**3番**

① ② ③ ④

**4番**

① ② ③

**5番**

① ② ③

**6番**

**質問1**

1　日本文化論

2　国際経営学

3　異文化コミュニケーション論

4　日本ホップカルチャー論

**質問2**

1　日本文化論

2　国際経営学

3　異文化コミュニケーション論

4　日本ホップカルチャー論

# 第14課　恋愛・結婚・子育て・少子化

> （1）本课内容包括恋爱、結婚、育儿、少子化等方面的内容。
> （2）本课以各类广播的要点听解为主,同样是原汁原味的广播听解,需要多加练习。

学习
目标

 聴解ストラテジー

要点（2）：アナウンス

　案内・アナウンスといったものは日常会話よりやや難しいように思われる。細かいことは、聞き取れなくてもかまわないが、まずどこの案内かに注目して、聞き取りの練習をしよう。

1. 次はアナウンスです。どこのアナウンスか、正しいものを選びなさい。

(1) ①スーパー　　②劇場　　　③デパート　　　④図書館
(2) ①スーパー　　②劇場　　　③デパート　　　④図書館
(3) ①スーパー　　②劇場　　　③デパート　　　④図書館
(4) ①スーパー　　②劇場　　　③デパート　　　④図書館

2. もう一度聞いて、答えを確認しなさい。

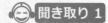 聞き取り 1

例　（　A　）

　　A　志向　　　　　　　B　思考

(1) (　　　)
　　A　晩婚化　　　　　　　B　高齢化
(2) (　　　)
　　A　フィジカル　　　　　B　メンタル
(3) (　　　)
　　A　扶養　　　　　　　　B　同居

### 聞き取り2

1. 会話を聞いて、会話の内容と合うものに○をつけなさい。

(1) 仕方なく偶然なことで結婚してしまう場合を除けば、結婚は計画的なことだと、文珍さんは考えている。

(2) 優木さんの周りに、金がないから結婚しないと考える若者が多い。

(3) 経済力が結婚力につながっている。

(4) 夫婦共働きだったら、十分なハッピーな生活ができる。

(5) 高齢者も若い人もの減少は今の社会の問題になっている。

2. もう一度会話を聞いて、次の質問に答えなさい。

(1) 優木さんの言っている「結婚しないことと恋愛をしないことは」どんな違いがあるのですか。

(2) 国の調査で何が分かるのですか。

(3) 今の社会では、壊さなければならないと思われるものは何ですか。

3. もう一度会話を聞いて、答えを確認しなさい。

4. あなたは結婚するほうか、しないほうか、みんなで話し合いましょう。

### 聞き取り3

1. 会話を聞いて、会話の内容と合うものに○をつけなさい。

(1) 日本の今の民法がもう時代遅れだと言っている。

(2) 日本の少子化対策はもう十分に取っていると言っている。

(3) 出産の一番いい時期は28くらいだと考えている。

(4) 今と違う社会を実現するために、法律や何か仕組みを変えなければいけないと考えている。

**2.** もう一度会話を聞いて、次の質問に答えなさい。

(1) 法律をどう変えばいいですか。

(2) 女性はどうして結婚から逃げてしまうのですか。

(3) 若者のために中高年にしてもらいたいことは何ですか。

**3.** もう一度会話を聞いて、答えを確認しなさい。

 聞き取り 4

**1番**

1　身長と体重

2　視力

3　聴覚

4　血液

**2番**

1　カーペットを決める

2　壁紙のサンプルを見る

3　ショールームに行く

4　ドアを選ぶ

**3番**

① ② ③ ④

**4番**

① ② ③

**5番**

①　②　③

**6番**

**質問1**

1　木曜日　　　2　金曜日　　　3　土曜日　　　4　日曜日

**質問2**

1　木曜日　　　2　金曜日　　　3　土曜日　　　4　日曜日

### 聞き取り 5

1. 会話を聞いて、正しいものを一つ選びなさい。

(1) 少子高齢の原因にならないものはどれですか。

A　女性の社会進出　　　　B　晩婚化　　　　C　年金制度

(2) 現在の初婚女性の平均年齢は何歳ですか。

A　24歳　　　　　　　　B　26歳　　　　　　C　30歳

(3) 女性の結婚年齢を何と例えていますか。会話にないものはどれですか。

A　バレタインデーのチョコレート　　　　B　クリスマスケーキ　　　　C　お正月

2. もう一度会話を聞いて、次の質問に答えなさい。

(1) 女性の労働環境や法律、政策などは昔と比べてどう変わりましたか。

(2) 女性の社会進出と晩婚との間、どんな関係があるのですか。

(3) いったん結婚したら、どんな問題が出てくるのですか。

3. もう一度会話を聞いて、答えを確認しなさい。

**聞き取り6**

**1番**

1

2

3

4

**2番**

1 お金がたまったから

2 クイズに当たったから

3 親戚が結婚するから

4 杉山さんの友達が行けなくなったから

**3番**

① ② ③ ④

**4番**

① ② ③

**5番**

① ② ③

**6番**

① ② ③ ④

# 第15课　高齢化社会

（1）本课以老龄社会为主要内容。其中包括健康问题、年金制度等问题。
（2）本课以电视节目、广告的内容为听解要点。

 聴解ストラテジー

要点（3）：番組・広告

1. 次はスポーツの実況中継です。何のスポーツか正しいものを選びなさい。
（1）①サッカー　　②バスケットボール　　③相撲　　④野球
（2）①サッカー　　②バスケットボール　　③相撲　　④野球
（3）①サッカー　　②バスケットボール　　③相撲　　④野球
（4）①サッカー　　②バスケットボール　　③相撲　　④野球

2. 次のアナウンスはコマーシャルです。何の宣伝か、正しいものを選びなさい。
（1）①洗濯用洗剤　　　②食器用洗剤　　　③窓ガラス用洗剤
（2）①航空会社　　　　②鉄道会社　　　　③自動車会社
（3）①のどの薬　　　　②スポーツドリング　③ダイエット食品

3. もう一度聞いて、答えを確認しなさい。

### 🙂 聞き取り 1

**1. 会話を聞いて、会話の内容と合うものを選びなさい。**

例 （ A ）

    A 高齢         B 老齢

(1) （　　　　　）

    A 年齢         B 寿命

(2) （　　　　　）

    A 看護用       B 介護用

(3) （　　　　　）

    A バランス      B 均衡

(4) （　　　　　）

    A 適当         B 適度

**2. もう一度会話を聞いて、答えを確認しなさい。**

### 🙂 聞き取り 2

**1. 会話を聞いて、次の表を完成しなさい。**

| 健康寿命が高い静岡県の特徴 | | |
|---|---|---|
| (1) | ＿＿＿＿＿＿高齢者が多いこと。 | |
| (2) | ＿＿＿＿＿＿な気候からくる＿＿＿＿＿＿な県民性があること。 | |
| (3) | ＿＿＿＿＿＿などの＿＿＿＿＿の食材が豊富で、＿＿＿＿＿が豊かであること。 | |
| (4) | 人々が＿＿＿＿＿をたくさん飲んでいること。 | |

**2. もう一度会話を聞いて、正しい答えをA、B、C、Dから選びなさい。**

(1) 2010年の健康寿命の平均は何歳ですか。

A 男性70.12歳、女性73.52歳

B 男性70.42歳、女性73.62歳

C 男性70.62歳、女性73.72歳

D 男性70.82歳、女性73.92歳

（2）2010年の平均寿命は何歳ですか。

A　男性79.35歳、女性86.50歳

B　男性79.55歳、女性86.50歳

C　男性79.55歳、女性86.30歳

D　男性79.35歳、女性86.30歳

（3）男性で健康寿命が最も長いのはどこですか。

A　愛知県

B　青森県

C　滋賀県

D　静岡県

（4）女性で健康寿命が最も長いのはどこですか。

A　愛知県

B　静岡県

C　滋賀県

D　青森県

3. もう一度会話を聞いて、次の質問に答えなさい。

（1）平均寿命と健康寿命の差は何を意味しますか。

（2）会話によると、健康寿命を延ばすためには、どうすればいいのですか。

### 聞き取り3

1. 女性の話を聞いて、次の表を完成しなさい。

| 日本の年金制度 | | |
|---|---|---|
| （1）＿＿＿＿＿的年金 | ＿＿＿＿＿年金 | |
| | ＿＿＿＿＿年金 | |
| | ＿＿＿＿＿年金 | |
| （2）＿＿＿＿＿的年金 | ＿＿＿＿＿年金 | |
| | ＿＿＿＿＿年金 | |
| | ＿＿＿＿＿年金基金 | |

2. もう一度女性の話を聞いて、その内容と合うものに〇をつけなさい。

(1) 日本の年金制度はとても複雑ですから、人々は関心を持っていません。

(2) 日本の人々は、年金に対して不信感があります。

(3) 年金制度は、原則として5年に1度大きな改正が行われます。

(4) すべての人が、年金保険料金を払わなければ、年金をもらうことができません。

(5) 高齢者は、老齢厚生年金を請求することができます。

(6) 快適な年金ライフを送る条件は、多くの種類の年金を請求することです。

(7) アメリカの年金は大きく公的年金、私的年金、企業年金という3種類に分けられます。

3. もう一度女性の話を聞いて、次の質問に答えなさい。

(1) 近年、年金交付年齢が遅くなる傾向がありますが、それについてどう思いますか。

(2) 中国の年金制度を紹介してください。

### 聞き取り 4

**1番**
1　入会目的
2　希望曜日
3　希望メニュー
4　アレルギー

**2番**
1　どんな習い事を始めるか
2　子どもが忙しすぎないか
3　子どもが楽しんでいるか
4　何歳から習い事を始めるか

**3番**
① ② ③ ④

**4番**
① ② ③

**5番**

| ① | ② | ③ |
|---|---|---|

**6番**

| ① | ② | ③ | ④ |
|---|---|---|---|

😊 **聞き取り 5**

1. 男性の話を聞いて、次の表を完成しなさい。

| 団塊の世代の多く | |
|---|---|
| 出身地 | ＿＿＿＿＿＿、＿＿＿＿、＿＿＿＿ |
| 移住先 | ＿＿＿＿＿＿、＿＿＿＿、＿＿＿＿などの大都市やその＿＿＿＿ |
| 移住の原因 | ＿＿＿＿＿＿＿＿＿＿＿＿＿＿＿＿＿＿＿＿＿＿＿＿＿＿＿＿ |

2. もう一度男性の話を聞いて、正しい答えをA、B、C、Dから選びなさい。

(1) 政府の少子化対策にどんなものがありますか。

A　若者への就職先の提供

B　結婚相談所の設立

C　女性の社会的地位の重視

D　こども園の創設

(2) 団塊の世代が大量に退職したのは何年から何年までですか。

A　2000年から2002年まで

B　2003年から2005年まで

C　2007年から2009年まで

D　2011年から2013年まで

(3) 団塊ジュニアの世代が50歳になるのはいつですか。

A　5年後

B　10年後

C　15年後

D　20年後

(4) 男性によると、今どの分野における政府の対策が遅れているのですか。

A　少子化対策

B　高齢者対策

C　企業対策

D　団塊世代対策

3. もう一度男性の話を聞いて、次の質問に答えなさい。

(1)「団塊ジュニア」とはどういう世代ですか。具体的に説明してください。

(2) 社会の高齢化の問題に対して、どのような対策が考えられます。

## 聞き取り 6

**1番**

1　駅

2　おばさんの家

3　病院

4　デパート

**2番**

① ② ③ ④

**3番**

① ② ③ ④

**4番**

① ② ③

**5番**

① ② ③

**6番**

① ② ③ ④

# 词 汇 表

| 単 語 | 読み方 | 品詞 | 意 味 | 場所 |
|---|---|---|---|---|
| おせち料理 | おせちりょうり | 名 | 过年吃的菜,节日食物 | 1.1 |
| 懐石料理 | かいせきりょうり | 名 | 怀石料理 | 1.1 |
| 重箱 | じゅうばこ | 名 | (盛食物用的)多层木盒,套盒 | 1.1 |
| 縁起 | えんぎ | 名 | 吉凶之兆,缘起 | 1.1 |
| 羽織袴 | はおりはかま | 名 | 和服外褂和裙子 | 1.1 |
| 振り袖 | ふりそで | 名 | 长袖和服 | 1.1 |
| レンタル | | 名 | 出租,租赁 | 1.1 |
| 師走 | しわす | 名 | 阴历12月 | 1.1 |
| 霜月 | しもつき | 名 | 阴历11月 | 1.1 |
| 日持ち | ひもち | 名 | (食物等)耐存(程度) | 1.2 |
| 晴れ着 | はれぎ | 名 | 盛装,华服 | 1.2 |
| 正装 | せいそう | 名 | 盛装,正装 | 1.3 |
| 祝福 | しゅくふく | 名・動 | 祝福 | 1.3 |
| バブル経済 | ばぶるけいざい | 名 | 泡沫经济 | 1.3 |
| 有望 | ゆうぼう | 形動 | (前途)有希望 | 1.3 |
| 祝辞 | しゅくじ | 名 | 贺词 | 1.3 |
| 開運 | かいうん | 名・動 | 走运,交运 | 1.4 |
| 難敵 | なんてき | 名 | 难以对付的敌人 | 1.5 |
| 格闘 | かくとう | 名・動 | 格斗,搏斗 | 1.5 |
| 布巾 | ふきん | 名 | 抹布 | 1.5 |
| 換気扇 | かんきせん | 名 | 换气扇 | 1.5 |
| フィルター | | 名 | 过滤器 | 1.5 |
| 商人 | しょうにん | 名 | 商人 | 1.6 |

（续表）

| 単　語 | 読み方 | 品詞 | 意　味 | 場所 |
|---|---|---|---|---|
| 七夕 | たなばた | 名 | 七夕 | 2.1 |
| 端午 | たんご | 名 | 端午 | 2.1 |
| 月遅れ | つきおくれ | 名 | 过期,晚一个月 | 2.1 |
| 天の川 | あまのがわ | 名 | 银河 | |
| 織姫 | おりひめ | 名 | 织女 | 2.1 |
| 彦星 | ひこぼし | 名 | 牛郎星 | 2.1 |
| エープリルフール | | 名 | 愚人节 | 2.1 |
| ハロウィーン | | 名 | 万圣节 | 2.1 |
| 視聴者 | しちょうしゃ | 名 | 观众,听众 | 2.2 |
| キャンペーン | | 名 | 宣传活动 | 2.2 |
| 定着 | ていちゃく | 名・動 | 固定,定论 | 2.2 |
| 短冊 | たんざく | 名 | 长纸条 | 2.3 |
| 笹 | ささ | 名 | 细竹,竹叶 | 2.3 |
| 縞 | しま | 名 | 条纹 | 2.4 |
| ラベンダー | | 名 | 薰衣草 | 2.4 |
| ペパーミント | | 名 | 薄荷 | 2.4 |
| ジャスミン | | 名 | 茉莉 | 2.4 |
| 節句 | せっく | 名 | 节日 | 2.5 |
| 衣装 | いしょう | 名 | 服装 | 2.6 |
| ショール | | 名 | 披肩,披巾 | 2.6 |
| 無礼講 | ぶれいこう | 名 | 开怀畅饮的宴会 | 3.1 |
| 無愛想 | ぶあいそう | 名・形動 | 不和气,冷淡 | 3.1 |
| リハビリ | | 名 | 机能恢复训练,康复训练 | 3.1 |
| デリバリー | | 名 | 送货,配送 | 3.1 |
| 名刹 | めいさつ | 名 | 著名寺院 | 3.1 |
| 古刹 | こさつ | 名 | 古寺 | 3.1 |
| メリット | | 名 | 优点,好处 | 3.1 |

（续表）

| 単　語 | 読み方 | 品詞 | 意　味 | 場所 |
|---|---|---|---|---|
| デメリット | | 名 | 缺点,过失 | 3.1 |
| 格付け | かくづけ | 名・動 | 规定等级,分等级 | 3.2 |
| 紙パック | | 名・動 | 纸盒 | 3.2 |
| 熱唱 | ねっしょう | 名・動 | 热情歌唱 | 3.2 |
| ライトアップ | | 名 | 灯火,灯光 | 3.3 |
| 押し寄せる | おしよせる | 名 | 涌来,蜂拥而至 | 3.3 |
| 芝生 | しばふ | 名 | 草地,草坪 | 3.4 |
| 赤煉瓦造り | あかれんが | 名 | 红砖 | 3.4 |
| 刺 | とげ | 名 | 刺 | 3.5 |
| 河津 | かわづ | 名 | 河津 | 3.5 |
| 染井吉野 | そめいよしの | 名 | 染井吉野 | 3.5 |
| 伐採 | ばっさい | 名・動 | 采伐,砍伐 | 3.5 |
| 漁師 | りょうし | 名 | 渔夫 | 3.6 |
| 上げ膳据え膳 | あげぜんすえぜん | 慣 | 饭来张口,坐享其成 | 4.1 |
| 至れり尽くせり | いたれりつくせり | 慣 | 无微不至,十分周到 | 4.1 |
| 銭湯 | せんとう | 名 | 澡堂,公共浴池 | 4.1 |
| 薬湯 | やくとう | 名 | 加入药剂的洗澡水 | 4.1 |
| 寝台 | しんだい | 名 | 卧铺 | 4.1 |
| 廃止 | はいし | 名・動 | 废除,作废 | 4.1 |
| 繁忙期 | はんぼうき | 名 | 繁忙期 | 4.1 |
| 閑散期 | かんさんき | 名 | 淡季 | 4.1 |
| 舌鼓 | したつづみ | 名 | 吧嗒声,发出啧啧声 | 4.2 |
| 寝転ぶ | ねころぶ | 動 | 横卧,随便躺下 | 4.2 |
| 波しぶき | なみしぶき | 名 | 波浪飞沫 | 4.2 |
| 醍醐味 | だいごみ | 名 | 妙趣,乐趣 | 4.3 |
| ジャグジー | | 名 | 按摩 | 4.5 |
| ひび割れ | ひびわれ | 名 | 龟裂,裂纹 | 5.1 |

（续表）

| 単 語 | 読み方 | 品詞 | 意 味 | 場所 |
|---|---|---|---|---|
| 地鳴り | じなり | 名 | （地震时）地鸣 | 5.1 |
| 豪雨 | ごうう | 名 | 暴雨 | 5.1 |
| 土砂崩れ | どしゃくずれ | 名 | 沙石滑坡,塌方 | 5.1 |
| 仮設住宅 | かせつじゅうたく | 名 | 临时住宅 | 5.1 |
| 避難所 | になんじょ | 名 | 避难所 | 5.1 |
| 半壊 | はんかい | 名 | 坏掉一半 | 5.1 |
| 全壊 | ぜんかい | 名 | 全坏,全毁 | 5.1 |
| 波打つ | なみうつ | 動 | 起波浪,波动,起伏 | 5.2 |
| 復旧 | ふっきゅう | 名 | 恢复原状,修复 | 5.2 |
| 津波 | つなみ | 名 | 海啸 | 5.3 |
| 登下校 | とうげこう | 名 | 放学 | 5.3 |
| 横殴り | よこなぐり | 名 | （风雨）从旁边吹打；粗鲁 | 5.4 |
| 暴風 | ぼうふう | 名 | 暴风 | 5.4 |
| 高波 | たかなみ | 名 | 大浪,高浪 | 5.4 |
| 気兼ね | きがね | 名・動 | 多心,顾虑 | 5.5 |
| 被災者 | ひさいしゃ | 名・動 | 受灾者 | 5.5 |
| 警報 | けいほう | 名 | 警报 | 5.6 |
| 手入れ | ていれ | 名 | 修整,维修 | 6.1 |
| 定例 | ていれい | 名 | 常规,惯例 | 6.1 |
| 行き届く | ゆきとどく | 動 | 周密,周到 | 6.1 |
| 廊下 | ろうか | 名 | 走廊 | 6.2 |
| 敷地 | しきち | 名 | 用地,占地,地皮 | 6.2 |
| 陥る | おちいる | 動 | 落入,陷入 | 6.2 |
| 膨らむ | ふくらむ | 動 | 鼓起,膨胀 | 6.3 |
| 敷金 | しききん | 名 | 押金,保证金 | 6.4 |
| 礼金 | れいきん | 名 | 酬谢金 | 6.4 |
| 木造 | もくぞう | 名 | 木造,木结构 | 6.5 |

（续表）

| 単　語 | 読み方 | 品詞 | 意　味 | 場所 |
|---|---|---|---|---|
| 断熱材 | だんねつざい | 名 | 绝热材料 | 6.5 |
| ポテンシャル | | 名 | 潜在力,可能性 | 6.5 |
| 紫外線 | しがいせん | 名 | 紫外线 | 7.1 |
| 酸性雨 | さんせいう | 名 | 酸性雨 | 7.1 |
| ペットボトル | | 名 | 塑料瓶 | 7.2 |
| ダイオキシン | | 名 | 二恶英 | 7.2 |
| 循環 | じゅんかん | 名 | 循环 | 7.2 |
| オゾン層 | おぞんそう | 名 | 臭氧层 | 7.3 |
| 軍手 | ぐんて | 名 | 军用手套,劳动用手套 | 7.4 |
| 化石燃料 | かせきねんりょう | 名 | 化石燃料 | 7.4 |
| 焼却ごみ | しょうきゃくごみ | 名 | 焚烧垃圾 | 7.5 |
| 歳入 | さいにゅう | 名 | 一年的收入 | 7.5 |
| 仮装 | かそう | 名 | 化装,假扮 | 8.1 |
| 妊娠 | にんしん | 名 | 怀孕 | 8.1 |
| 傍若無人 | ぼうじゃくぶじん | 名 | 旁若无人 | 8.2 |
| ペースメーカー | | 名 | 心脏起搏器 | 8.2 |
| 潔癖主義 | けっぺきしゅぎ | 名 | 洁癖 | 8.3 |
| 公衆道徳心 | こうしゅうどうとくしん | 名 | 公德心 | 8.3 |
| 暗黙 | あんもく | 名 | 沉默 | 8.3 |
| 搭乗 | とうじょう | 名 | 搭乘(飞机,轮船等) | 8.5 |
| 探知機 | たんちき | 名 | 探测器 | 8.5 |
| 電磁波 | でんじは | 名 | 电磁波 | 8.5 |
| 虚弱 | きょじゃく | 名・形動 | 虚弱 | 8.5 |
| マタニティーマーク | | 名 | 孕妇符号,孕妇标记 | 8.5 |
| ピーク | | 名 | 最高值,高峰 | 9.1 |
| 肥満 | ひまん | 名 | 肥胖 | 9.1 |
| ファーストフード | | 名 | 快餐 | 9.2 |

（续表）

| 単　語 | 読み方 | 品詞 | 意　味 | 場所 |
|---|---|---|---|---|
| 小腹 | こべら | 名 | 小肚子 | 9.2 |
| トウモロコシ | | 名 | 玉米 | 9.3 |
| 貿易摩擦 | ぼうえきまさつ | 名 | 貿易摩擦 | 9.3 |
| たんぱく質 | たんぱくしつ | 名 | 蛋白质 | 9.4 |
| こってり | | 副 | 厚味，味浓 | 9.5 |
| あっさり | | 副 | 清淡 | 9.5 |
| スニーカー | | 名 | 轻便运动鞋 | 10.1 |
| ビーチサンダル | | 名 | 沙滩鞋 | 10.1 |
| リネン | | 名 | 亚麻 | 10.1 |
| コットン | | 名 | 棉 | 10.1 |
| ウール | | 名 | 羊毛 | 10.1 |
| ダウン | | 名 | 羽绒 | 10.1 |
| アイテム | | 名 | 条款，项目 | 10.1 |
| 別注 | べっちゅう | 名 | 订做 | 10.1 |
| 請求 | せいきゅう | 名・動 | 索取，要求 | 10.2 |
| シンプル | | 形動 | 单纯，简单，朴素 | 10.2 |
| 疑似体験 | ぎじたいけん | 名 | 模拟体验 | 10.3 |
| 絞り込み機能 | しぼりこみきのう | 名 | 指定条件（检索）功能 | 10.3 |
| シルバー | | 名 | 银色，老龄，高龄 | 10.5 |
| 水玉模様 | みずたまもよう | 名 | 波点 | 10.6 |
| ドーナツ | | 名 | 甜甜圈 | 10.6 |
| 映像 | えいぞう | 名 | 影像，视频 | 11.1 |
| 画像 | がぞう | 名 | 画像 | 11.1 |
| ストリート | | 名 | 大街，马路 | 11.1 |
| 人差し指 | ひとさしゆび | 名 | 食指 | 11.2 |
| オペ | | 名 | 手术 | 11.2 |
| 小脇 | こわき | 名 | 腋下 | 11.3 |

（续表）

| 単　語 | 読み方 | 品詞 | 意　味 | 場所 |
|---|---|---|---|---|
| 駆使 | くし | 名・動 | 驱使,运用 | 11.3 |
| 長方形 | ちょうほうけい | 名 | 长方形 | 11.4 |
| 退治 | たいじ | 名・動 | 扑灭,制服,消除祸害 | 11.5 |
| 急逝 | きゅうせい | 名・動 | 突然死去,骤亡 | 11.5 |
| 投影 | とうえい | 名・動 | 投影 | 11.5 |
| 取り組む | とりくむ | 動 | 全力处理,下大力气去做 | 12.1 |
| 取り込む | とりこむ | 動 | 收进,拉拢 | 12.1 |
| ヒートアイランド | | 名 | 热岛现象 | 12.1 |
| ジョギング | | 名・動 | 慢跑 | 12.1 |
| ショッキング | | 形動 | 令人震惊的,可怕的 | 12.1 |
| 補助 | ほじょ | 名・動 | 补助 | 12.2 |
| 変貌 | へんぼう | 名・動 | 变形,改观,改变面貌 | 12.2 |
| 漠然 | ばくぜん | 形動 | 含混,笼统,模糊,冷漠 | 12.3 |
| 補う | おぎなう | 動 | 补充,补贴,补偿 | 12.3 |
| 切り開く | きりひらく | 動 | 开垦,开辟,开创 | 12.4 |
| 懇談会 | こんだんかい | 名 | 恳谈会,畅谈会 | 12.5 |
| オゾンホール | | 名 | 臭氧层破洞 | 12.6 |
| 山崩れ | やまくずれ | 名 | 山崩 | 13.1 |
| 伸び縮む | のびちぢむ | 動 | 伸缩 | 13.1 |
| 伸び悩む | のびなやむ | 動 | 停滞不前,进度缓慢 | 13.2 |
| 拍車 | はくしゃ | 名 | 加速,促进,推动 | 13.5 |
| 陰口 | かげぐち | 名 | 背后骂人 | 13.5 |
| 晩婚化 | ばんこんか | 名 | 晚婚化 | 14.1 |
| 高齢化 | こうれいか | 名 | 老龄化 | 14.1 |
| フィジカル | | 形動 | 身体的,物质的 | 14.1 |
| メンタル | | 名 | 心理的,精神的 | 14.1 |
| 扶養 | ふよう | 名 | 抚养 | 14.1 |

（续表）

| 单　语 | 読み方 | 品詞 | 意　味 | 場所 |
|---|---|---|---|---|
| 同居 | どうきょ | 名・動 | 同住 | 14.1 |
| 草食系 | そうしょくけい | 名 | 自身条件比较好,对恋爱不积极的人群 | 14.2 |
| 呪縛 | じゅばく | 名 | 咒语的束缚,用咒语镇住 | 14.3 |
| 硬直化 | こうちょくか | 名 | 硬化 | 14.3 |
| 認知症 | にんちしょう | 名 | 痴呆症 | 15.2 |
| 横領 | おうりょう | 名・動 | 侵占,盗用,贪污私吞 | 15.3 |
| 揺るがす | ゆるがす | 動 | 震动,摇动 | 15.5 |